Lo más sabroso y típico de la
COCINA MEXICANA

PEQUEÑA
ENCICLOPEDIA
DEL HOGAR

editores mexicanos unidos, s.a.

© **EDITORES MEXICANOS UNIDOS, S.A.**
Luis González Obregón 5-B
C.P. 06020 TELS. 521-88-70 al 74
Fax. 512-85-16
Miembro de la Cámara Nacional de
la Industria Editorial. Reg. Núm. 115

La presentación y composición tipográficas,
son propiedad de los editores.

ISBN: 968-15-0833-5

5a. edición Febrero 1993

IMPRESO EN MEXICO
PRINTED IN MEXICO

Edición 3,000 ejemplares
FEBRERO 1993
IMPRESOS NACIONALES
Oriente 81 No. 4131
Col. Malinche

Guisos Mexicanos y Antojitos

GARNACHAS POBLANAS

Para 3 personas.

Ingredientes:

15 tortillas, chicas y delgadas
125 grs. de pulpa de cerdo
3 chiles anchos
¼ taza de cebolla
150 grs. de papas, cocidas y peladas
125 grs. de manteca
sal

El día anterior, tostar, desvenar y quitarle las semillas a los chiles. Ponerlos a remojar en agua caliente con sal. Al día siguiente, molerlos y agregarles un poco de agua, para formar una salsa que se sazona con sal. La carne, previamente cocida, deshebrarla. Picar finamente la cebolla y partir las papas en cuadros pequeños, sazonados con sal. Calentar la manteca y freír una tortilla, primero por la parte del pellejito. Colocarle encima 1 cucharada de chile, papa, carne, cebolla, y bañarla con manteca caliente, dejando dorar levemente la tortilla. Repetir esta operación con cada tortilla. Servir enseguida.

CHILE DE OAXACA

Para 4 o 5 personas.

Ingredientes:

½ kg. de codillo o espinazo de cerdo
1 puñado de ejotes tiernos
20 tomates verdes chicos
1 jitomate mediano, maduro
½ taza de masa de maíz
2 cucharadas de manteca
4 chiles guajillos
2 chayotes medianos
1 cebolla
4 dientes de ajo
10 cominos
1 hoja de hierba santa
   sal

Poner a cocinar la carne en agua caliente, con 2 dientes de ajo, cebolla y sal. Cuando esté a medio cocinar, añadirle los chayotes, pelados y cortados en trocitos, y los ejotes, sin hebra, partidos por lo ancho. Remojar los chiles unas horas antes en agua fría. Si se quieren muy picosos, dejarles las venas (hay que recordar que estos chiles pican mucho). Moler el chile y apartarlo. Luego, moler los tomates crudos, el jitomate, la hoja de hierba santa tostada, los ajos restantes y los cominos. En una cazuela, poner a calentar ½ cucharada de manteca y freír el chile, cuidando que no se queme. Después agregarle los demás ingredientes, y dejar sazonar a fuego moderado. Cuando esté bien frío, agregarle la carne con los chayotes, los ejotes y el caldo colado, y dejar sazonar. Aparte, en un tazón, colocar la masa con 1 cucharadita de manteca y sal. Amasar muy bien y con la pasta hacer unas bolitas, aplastándolas en el centro. Cuando el caldo esté hirviendo, echarle las bolitas una por vez. Dejar cocer, y servir enseguida, caliente.

MACHACA DE MONTERREY

Para 4 personas.

Ingredientes:

200 grs. de carne seca de res
  6 huevos
  4 jitomates
  3 cucharadas de cebolla picada
  3 chiles serranos
    tortillas de harina
    manteca, sal

En una cazuela con manteca, acitronar la cebolla. Luego, agregar la carne (previamente remojada y cortada), el jitomate, los chiles picados, y sal. Dejar refreír a fuego moderado, y cuando se haya casi secado, añadirle los huevos, levemente batidos. Sazonar y dejar secar. Servir con las tortillas de harina, calientes.

TAQUITOS DE SILAO, GUANAJUATO

Para 4 personas.

Ingredientes:

 16 tortillas chicas
100 grs. de queso fresco
    chorizos
  3 chiles chipotles en vinagre
  2 aguacates
150 grs. de tomates verdes
  2 cebollas medianas
  1 diente de ajo
  ½ lechuga
  1 ramita de cilantro
    manteca
    sal

Freír los chorizos en manteca y retirarlos de la sartén. En la manteca que quedó, freír la cebolla finamente picada. Se retira la cebolla y en la misma manteca freír levemente las tortillas. Después, a cada una de ellas colocarles una rebanada de queso, una de aguacate, una de chipotle (sin semilla), una de chorizo, cebolla frita y un poco de salsa de tomate. Enrollar las tortillas y disponerlas sobre un platón. Recubrirlas con cilantro picado, y decorarlas con las hojas de lechuga.

La salsa de tomate se hará moliendo los tomates, la cebolla y el ajo juntos, y friendo todo con una cucharada de manteca. Dejar hervir a fuego moderado hasta que espese.

CHICHARRON EN CHILE VERDE

Para seis personas.

Ingredientes:

½ kilo de chicharrón
¾ de tomate verde
4 o 5 chiles serranos
1 cebolla chica
1 diente de ajo
1 rama de cilantro
1 poco de aceite

Los tomates se limpian y se ponen a hervir en un poco de agua junto con los chiles serranos, cuando están cocidos se muelen junto con el ajo y la cebolla, así como el cilantro; se agrega un poco del agua en que se hirvieron el tomate y el chile. En una cacerola con un poco de aceite se fríe la salsa colada, sazonándola con un poco de sal, se agregan los trozos del chicharrón y se deja hervir por unos minutos. Si espesa demasiado hay que agregar un poco de agua, pues el chicharrón al ser esponjoso absorbe mucha agua.

MOLE VERDE DE CERDO

Para 4 personas.

Ingredientes:

½ kg. de lomo cocido de cerdo
2 chiles serranos
20 grs. de manteca de cerdo
100 grs. de tomates verdes
50 grs. de pepitas de calabaza verde, molida
3 hojas de rábano
2 hojas de lechuga orejona

el caldo en que se coció la carne
1 trocito de cebolla
   sal

Limpiar los tomates y moler con los chiles, el rábano, la lechuga y la cebolla. Una vez molidos, freírlos en la manteca. Luego agregarles el caldo y sazonar con sal. Dejar hervir por ¼ de hora, y añadir la pepita desleída en un poco de agua. Continuar la cocción agregando si es necesario agua fría. Cuando se haya espesado, agregarle la carne cortada en rebanadas, y dejar hervir algunos minutos más.

MOLE DE OLLA

Para 4 o 5 personas.

Ingredientes:

    ½ kg. de cecina de res, partida en trozos
250 grs. de calabacitas tiernas, cortadas
       en cuatro
250 grs. de ejotes, deshebrados
  2 elotes tiernos, en pedazos
  2 xoconoztles pelados, sin semillas y
       divididos por la mitad
  4 chiles anchos
  1 trozo de cebolla
  1 diente de ajo
     manteca
     sal

En abundante agua fría se pone a cocinar la carne con los elotes. Ya casi cocida la carne, se añaden las restantes verduras, la cebolla y el ajo. Debe resultar bastante líquido. Una vez cocido todo, se le quita la cebolla y el ajo y se agrega el chile (molido y frito en poca manteca). Se hace hervir por ¼ de hora más o menos. Si es necesario se le agrega sal.

MOLE RANCHERO

Para 10 o 12 personas.

Ingredientes:

1   kg. de espinazo de puerco
500   grs. de pulpa de puerco
3   chiles pasillas
2   chiles anchos
2   clavos de olor
3   xoconoztles sin cáscara
6   granos de pimienta negra
2   jitomates
1   cebolla
1   ramita de epazote fresco
2   limones
2   calabacitas chicas
2   cucharadas de aceite
10   ejotes tiernos
     sal y pimienta

En abundante agua cocinar el espinazo y la carne, junto con los xoconoztles, los ejotes, las calabazas enteras y la cebolla. Asar los chiles, remojarlos en agua caliente y molerlos con los clavos, las pimientas y los jitomates cocidos. Luego freír en aceite caliente, y agregar en la cacerola de la carne para que hierva, sazonándose bien. Añadir el epazote. Cuando la carne se haya cocido perfectamente, se sirve el mole con el limón.

CHILAQUILES DE RANCHO

Para 4 o 5 personas.

Ingredientes:

15   tortillas, cortadas en cuadritos
125   grs. de manteca
½   cebolla mediana
100   grs. de queso añejo
125   grs. de manteca
3   chiles poblanos
1   taza de puré de jitomate
¼   taza de crema
½   cebolla, picada fina
     sal y pimienta

Se frien las tortillas en la manteca caliente y se retiran de la sartén. En la misma manteca se fríe el jitomate, con la cebolla y los chiles, ya asados, desvenados y cortados en rajas. Se deja condensar este caldillo. Se le agregan los cuadritos de tortilla, y se dejan hasta que estén cocidos. Se retiran entonces, se les ponen la cebolla picada, la crema y el queso desmenuzado y se sirven.

ENCHILADAS CON HUEVO Y CHILE

Ingredientes:

50	grs. de chile ancho
50	grs. de chile pasilla
20	tortillas chicas
4	huevos
1	cebolla pequeña
1	diente de ajo
100	grs. de manteca
80	grs. de queso añejo
¼	taza de cebolla picada
	Se obtienen 20 enchiladas

Desvenar los chiles, tostarlos, y remojarlos. Molerlos con la cebolla y el ajo. Se fríen luego en la manteca. Una vez fritos, se les añaden los huevos, revolviéndolos hasta que cuajen, (si fuera necesario agregarles un poco del agua en que se remojaron los chiles). En esta salsa se mojan las tortillas ya fritas, y se enrollan, poniéndolas en un platón. Se le vierte encima la salsa restante, el queso rallado y la cebolla picada.

ENCHILADAS VERDES

Ingredientes:

125	grs. de tomate verde
100	grs. de queso fresco
60	grs. de cacahuates pelados
10	tortillas
1	pechuga de gallina
3	chiles poblanos
½	cebolla
	aceite para freír
1	ramita de cilantro
	Se obtienen 10 enchiladas

Asar y pelar los tomates y los chiles, desvenar estos y molerlos junto con el cilantro y los cacahuates. Freír bien esta mezcla y agregarle un poco del caldo de la pechuga. Deshebrar la carne. Freír las tortillas y pasarlas por la salsa, rellenándolas luego con la pechuga. Se doblan en cuatro, se les vierte encima más salsa, el queso rallado y la cebolla picada. Al servirse, si gusta, se pueden cubrir con crema agria.

ENCHILADAS CON PIPIAN

Ingredientes:

250 grs. de tortillas fritas
 12 tortillas chicas
150 grs. de carne de cerdo, cocida
 50 grs. de chile ancho
  1 cucharada de ajonjolí
  1 trocito de cebolla
 ½ diente de ajo
  1 clavo de olor
 ½ rajita de canela
  4 gramos de pimienta
  1 cucharada de semillas de chile
 50 grs. de queso añejo
  1 cucharada de cebolla picada
     manteca
     azúcar al gusto
     Resultan 12 enchiladas

Desvenar los chiles, tostarlos ligeramente, y remojarlos en el caldo en que se coció la carne de cerdo. Moler con el ajonjolí levemente tostado, las tortillas fritas, las semillas de chile, la cebolla, el ajo, el clavo, la canela y la pimienta. Después se fríen los chiles en 2 cucharadas de manteca, se sazonan con la sal y, si se desea, se le añade 1 cucharada de azúcar. Deshebrar la carne. Las tortillas chicas en la manteca, escurrirlas y mojarlas una por vez en la salsa. Se les coloca en el centro un poco de la carne deshebrada y se enrollan, se bañan con la salsa que quedó, y se decoran con el queso desmenuzado y la cebolla picada.

ENCHILADAS DE FRIJOL

Ingredientes:

20 tortillas
½ kg. de frijol bayo
¼ litro de crema espesa
1 taza de queso fresco, desmenuzado
1 cucharada de cebolla, picada finamente
1 trozo de cebolla
aceite para freír, sal
Agua según se necesite
Se obtienen 20 enchiladas

Poner a remojar los frijoles la noche anterior. Al día siguiente cocinarlos, en la misma agua del remojo, añadiendo el trozo de cebolla, la sal y muy poco aceite. Si fuera necesario, para terminar la cocción agregar agua hirviente. Ya cocidos los frijoles, se retira la cebolla y se muelen en la licuadora. Se tamizan, y se fríen en aceite caliente, cuidando que resulte una salsa muy espesa. Las tortillas se pasan por aceite hirviendo, se remojan en la salsa de frijol y se colocan en un platón, dobladas a la mitad. Se les agrega encima un poco de salsa, se espolvorean con el queso y se cubren con la crema. Se sirven bien calientes.

QUESADILLAS DE FLOR DE CALABAZA

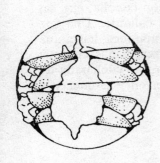

Ingredientes:

½ kg. de flores de calabaza
250 grs. de masa de maíz, ya preparada
½ chile serrano verde
2 jitomates maduros, pelados y picados
½ cucharada de cebolla, picada finamente
1 cucharada de aceite
125 grs. de queso fresco, desmenuzado
1 ramita chica de epazote, picada
sal y pimienta
Se obtienen 10 quesadillas

Limpiar las flores, quitando los tallos verdes, lavarlos y picarlos. En una cacerola colocar el aceite, el chile, la cebolla, el epazote, los jitomates y la sal. Tapar la cacerola y cocinar a fuego lento, sin agua. Debe quedar bien cocido y sin jugo. Retirar del fuego y añadir el queso y las flores de calabaza; con la masa de maíz hacer tortillas pequeñas. Rellenarlas con el preparado anterior bien mezclado, doblarlas y cocinarlas en el comal. Si se prefiere, freírlas en aceite. Se sirven en seguida.

TAMALES DE FRIJOLES

Ingredientes:

½ kg. harina de arroz
¼ kg. de mantequilla
1 cucharadita de polvo de hornear
 hojas de maíz, las necesarias
½ kg. de frijoles negros
1 ramita de epazote
 sal
1 trozo de cebolla
1 diente de ajo
1 queso que haga hebras
30 grs. de manteca de cerdo
Se obtienen 20 tamales aproximadamente

Batir a crema la mantequilla. Añadirle luego la harina y el polvo de hornear royal con un poquito de agua apenas tibia, sin dejar de batir. Estará en su punto cuando una bolita de masa puesta en un vaso de agua fría, flota y no cae en el fondo. Cocinar los frijoles en agua fría con cebolla, ajo, sal y epazote. Si se necesitara, añadir agua caliente. Una vez bien cocidos, se muelen y se fríen con la manteca, hasta que se sequen perfectamente. Las hojas (ya remojadas en agua fría, lavadas y escurridas) se rellenan con una cucharada de frijol y una rebanada de queso. Se envuelven y se cuecen a baño maría.

TAMAL DE CAZUELA

Ingredientes:

250 grs. de harina para tamales

175 grs. de manteca
sal
½ cucharada de polvo de hornear royal
caldo, el necesario
mole de carne de cerdo, ya preparado.
Para 10 o 12 personas

Se vierte la harina en un tazón, y se agrega el caldo necesario para obtener una masa espesa. En una cacerola se derrite la manteca, y cuando esté bien caliente se agrega la masa y la sal. Con una cuchara de madera se remueve seguido, hasta que espese y se le vea el fondo a la cacerola. Retirada del fuego se bate mucho, hasta que se ponga de color blanco, y entonces se le une el polvo de hornear royal. Se engrasa bien una fuente refractaria y se le coloca la mitad de la pasta, luego el mole con la carne deshebrada o en pequeños trozos, y después otra capa gruesa de la pasta. Se coloca al horno, a 250°C., hasta que la masa se haya cocido, y el tamal quede dorado por encima.

"RAJAS" A LA CREMA

Ingredientes:

½ taza de aceite
1 cebolla picada finamente
3 chiles poblanos en rajitas
3 papas tamaño mediano, cocidas
1 taza de crema espesa
sal

Póngase a freír en ½ taza de aceite 1 cebolla picada finamente. Antes de que dore, se agregan "rajitas" de chiles poblanos, previamente asados, pelados y desvenados. Cuando el aceite tome el color verde del chile, añadir papas cocidas en agua con sal, y cortadas en cubitos. Freír todo junto durante un rato, y ya para llevarse a la mesa, añadir 1 taza de crema espesa, sal y pimienta. Revuélvase para mezclarlas bien y sírvanse en seguida muy calientes.

MOLDE DE FRIJOL

Ingredientes:

½ kilo de frijoles
150 grs. de queso tipo kraft
1 cebolla picada
2 cucharadas de mantequilla derretida
2 huevos
¼ de taza de pan molido
150 grs. de longaniza
½ taza de salsa de chile
    sal al gusto

Los frijoles se guisan al estilo mexicano, procurando que queden bien espesos. Se muelen junto con el queso, se revuelven muy bien con la cebolla, los huevos batidos y la mantequilla derretida; se sazona con sal. En un molde muy bien engrasado y espolvoreado con polvo de pan, se pone la mezcla bien apretada; se cubre con más polvo de pan y trocitos de mantequilla y se mete en el horno a fuego moderado (176 grados), hasta que dore un poco. Se voltea en un platón caliente y se adorna con longaniza frita y desmenuzada, acompañándose con una buena salsa de chile.

PANUCHOS VERACRUZANOS

Ingredientes:

½ kilo de masa
½ kilo de pescado fresco
2 jitomates grandes
1 cucharada de cebolla picada
1 cucharada de perejil picado
1 diente de ajo picado
3 tazas de frijoles guisados
    manteca o aceite
    sal al gusto

Con la masa se forman unas gorditas que se cuecen en el comal. Con mucho cuidado, se les levanta la tapita de encima y se les saca la masa suave, para que queden huecas. El jitomate se pela, se le quitan las semillas y se pica muy menudito.

Se fríe junto con la cebolla, el ajo y el perejil; cuando está bien refrito, se añade el pescado cocido y desmenuzado, y se deja sazonar un rato. Se les añade la sal, y, si se quiere, yerbas de olor. Los frijoles se machacan muy bien y se refríen. Se toman las gorditas que ya están huecas y se les pone primero una capa de frijoles refritos y luego una de pescado. Se cubren con su propia tapita, y se refríen en manteca o aceite caliente. Se sirven inmediatamente.

PENEQUES

Ingredientes:

12 peneques
½ pieza de queso fresco
3 huevos
   manteca o aceite para freír
   salsa de jitomate espesa, al gusto

Se abren por un lado los peneques y se rellenan con una rebanadita de queso fresco. Los huevos se baten como para freír, es decir, primero se baten las claras a punto de nieve y se les va agregando una a una las yemas, batiendo siempre. Se agrega a la mezcla un poco de sal. Se envuelven los peneques en el huevo y se fríen en la manteca o aceite bien caliente. Se cubren con la salsa de jitomate caliente y se adorna el platón con aceitunas, chiles largos en vinagre, tajaditas de aguacate, etc. También se pueden rellenar con picadillo.

CHALUPITAS EN COMAL

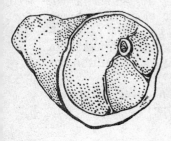

Ingredientes:

18 chalupitas
½ kilo de jitomates
1 cucharada de cebolla picada
150 gramos de carne de cerdo
150 gramos de queso fresco
1 chile poblano
4 cucharadas de manteca o aceite
   sal al gusto

Se calienta la mitad de la manteca y se fríe la cebolla hasta que esté acitronada. Se agrega el jitomate asado, pelado y molido y se deja que se fría, hasta que esté bien espeso. El chile se tuesta, se deja sudar, se pela y se desvena cortándolo en rajitas. La carne cocida se desmenuza y se fríe. Se saca la carne de la grasa, escurriéndola bien con una espumadera, y en esta misma manteca o aceite se pasan las chalupitas. Se escurren y se colocan sobre un comal, poniendo encima de cada una de ellas una cucharada de la salsa, un poco de queso desmoronado, unas hebritas de la carne y una rajita de chile. Se pone el comal a fuego suave, para que se calienten las chalupas y se mezcle bien el queso con la salsa.

POZOLE

Ingredientes:

½ kilo de maíz cacahuazintle
1 cucharada de cal
½ kilo de cabeza de puerco
½ kilo de lomo de puerco
1 pollo
3 patitas de puerco
6 chiles anchos
2 ajos
sal la necesaria

Adorno:

1 lechuga
½ queso fresco
1 rábano largo
orégano seco, al gusto
tortillitas fritas o tostadas

La víspera se pone a hervir el agua y se agrega la cal, disuelta en un poco de agua; se le mete el maíz, y luego que está amarillo y se le desprende la cascarita (generalmente al primer hervor), se saca. Se pone en una canastita para lavarlo bien y escurrirlo. Se pela y se le quitan las cabecitas.

Al día siguiente, temprano, se pone a cocer de nuevo; se le tira la primera agua y se pone en una olla grande, con las carnes cortadas en pedazos (las patitas ya deben estar cocidas). Cuando empieza a reventar el maíz y las carnes están a medio cocer, se le pone la sal y el chile desflemado y molido con el ajo. Se deja hervir todo, hasta que esté muy tierno. Se sirve en platos hondos y aparte, se pone en platoncitos la cebolla picada, el rábano en trocitos o rebanadas, el orégano desmenuzado, la lechuga finamente picada y las tortillas fritas o tostadas, para que cada quien se sirva a su gusto. Este es un pozole de lujo, pues en general se le pone sólo la cabeza de puerco.

FRIJOLES A LA YUCATECA
(Receta antigua)

Ingredientes:

½ kilo de frijoles negros
   manteca o aceite para freír
1 cebolla
1 diente de ajo
200 grs. de carne de puerco
2 tazas de caldo de puerco
1 cebolla
   sal al gusto
3 pizcas de pepitas de chile ancho
   cebolla cruda y
   queso añejo para adornar
   un poco de aceite de oliva

Se escogen los frijolitos negros de hollejo suave, y se cuecen con sal en grano. Ya cocidos, se lavan, se pone una cazuela con manteca o aceite a la lumbre; se fríen allí cebolla y ajos rebanados, y cuando se hayan frito un poco se echan a freír los frijoles. Bien sancochados en la manteca, se les agrega caldo de carne de puerco en trozos medianos; se les rebana una cebolla, se sazonan al paladar con la sal que necesiten, y, si se desea, se les echa unas pepitas de chile ancho, molidas; y se dejan hervir hasta que hayan espesado bien. Después se sirven adornándolos, si se quiere, con cebolla cruda y queso añejo desmoronado, rociándolos por encima con un poco de aceite de oliva.

CHILES EN NOGADA

Ingredientes:

     12 chiles poblanos
      4 huevos
      3 cucharadas de harina
    223 grs. de manteca
     30 grs. de manteca
      1 cebolla
      1 taza de puré de jitomate
      2 dientes de ajo
    450 gramos de lomo de puerco picado
     ½ cucharadita de polvo de canela
      2 acitrones
     60 grs. de pasas
     60 grs. de almendras
      2 duraznos
      2 peras
         sal y pimienta

Para la salsa:

     50 nueces de Castilla frescas
     60 grs. de almendras
    115 grs. de queso de cabra
     ½ litro de leche
      1 granada
      1 cucharada de perejil picado
         azúcar al gusto

Los chiles se tuestan, se envuelven en una servilleta, se les quita la piel, se abren por un lado y se les quitan las venas y semillas. Se ponen durante 20 minutos en 1 litro de agua con 1 cucharada de sal; pasado ese tiempo se escurren bien. Se rellenan con el relleno preparado de la manera siguiente:

Se fríen en la manteca el ajo y la cebolla picados y se agregan las carnes. Cuando están bien fritas, se pone el puré de jitomate, las pasas, almendras, el acitrón y las frutas; se sazona con sal, pimienta y ½ cucharada de azúcar. Cuando espesa, se retira del fuego; se rellenan los chiles, se pasan por la harina y por los huevos, que se habrán batido, primero las claras a punto de nieve, y se les habrán mezclado las yemas incorporándose muy bien. Ya cubiertos de huevo, se fríen en la manteca hasta el momento de servirse. Se colocan en el platón, se cubren con la salsa, se adornan con granos de granada y el perejil picado; se sirven luego. Los chiles deben estar muy calientes y la salsa fría.

NOTA: La salsa se hace de la siguiente manera: Las nueces sin cáscara se remojan en leche, hasta que se les pueda desprender bien la piel. Se muelen con las almendras, ya sin la piel, y el queso. Se les agrega la leche necesaria para formar una salsa espesa, a la que se le agrega azúcar al gusto.

MOLE POBLANO

Ingredientes:

      1 guajolote
    225 grs. de chile mulato
    200 grs. de chile ancho
    115 grs. de chile pasilla
     85 grs. de ajonjolí
    115 grs. de almendra
     85 grs. de pasa
     85 grs. de cacahuates
     30 grs. de pan blanco
    200 grs. de manteca
     60 grs. de chocolate
      3 chiles chipotles
      4 jitomates
      3 cebollas
      6 dientes de ajo
      1 tortilla
      1 cucharadita de anís
      8 pimientas
      5 clavos
      1 raja de canela
     60 grs. de ajonjolí para espolvorear
      3 litros de caldo

El guajolote se corta en piezas y se fríe en manteca en una cazuela grande. Cuando está frito, se agregan los chipotles, que se habrán desvenado, hervido en agua y molido con los jitomates asados; cuando se seca, se agrega 1 litro de caldo y se sazona de sal. Los chiles se desvenan, se fríen en la manteca hasta que doren ligeramente; el anís y el ajonjolí se tuestan en un comal. Las almendras, cacahuates, pasas, pan, tortillas y especias se fríen en manteca; se muelen con los chiles, el ajonjolí, el anís, las cebollas y los ajos. Se disuelve esto en un litro de caldo; se agrega el chocolate y se pone el guajolote, se vacía en el platón y se espolvorea con el ajonjolí tostado.

EMPANADAS DE VIGILIA

Ingredientes:

600 grs. de harina cernida 3 veces
 60 gotas de limón
  1 huevo fresco
300 grs. de unto
  1 huevo para barnizar
    agua, la necesaria
    sal

Para relleno:

300 grs. de huachinango
  1 cebolla finamente picada
  2 zanahorias, cocidas y finamente picadas
  2 cucharadas de aceite
  2 ajos molidos
300 grs. de puré de jitomate
  1 ramito de perejil finamente picado
  2 huevos cocidos finamente picados
100 grs. de aceitunas
    deshuesadas y finamente picadas
 50 grs. de alcaparras picadas
    sal y pimienta

Se cierne la harina, se hace una fuente y en el centro se pone el huevo, el limón, la sal, la pimienta y un poco de agua; se amasa la pasta hasta que quede tersa, se extiende con un palote, como de ½ centímetro de grueso, procurando darle la forma alargada. En seguida se pone una tercera parte de la manteca, extendiéndola con una brocha; se deja que seque, se dobla en tres partes, dejando una libre, se empalma ésta y se vuelve a doblar y a palotear. Se pone la tercera parte de la manteca y así hasta darle 6 vueltas. Cada vez que se le pone manteca se extiende ½ centímetro, se cortan las empanadas con cortador rizado y se rellenan y doblan. Se barnizan con huevo y se meten a horno caliente (260 grados) durante más o menos 20 minutos.

Relleno: El huachinango, después de cocido se desmenuza, se le quitan las espinas y los pellejos. Se pone en aceite caliente la cebolla; una vez acitronada se le agrega el jitomate molido con los ajos, el perejil, aceitunas, alcaparras, sal y la pimienta. Se deja sazonar 10 minutos, y en seguida se añaden las zanahorias, el huevo y el pescado. Se deja hervir a fuego lento, hasta que espese.

TORTITAS DE LONGANIZA (fingida)

Ingredientes:

2 chiles anchos
1 pieza de pan molido
3 huevos
1 diente de ajo
  cominos y sal al gusto
  manteca o aceite, para freírlas

Los chiles se desvenan, se remojan y se muelen con el ajo y los cominos; se mezclan con el pan frío molido y con los huevos, batidos como para freír o capear, sazonando bien la mezcla con la sal. Se toman cucharadas de la pasta y se fríen en manteca o aceite bien caliente; se acompañan con ensalada de lechuga. Se llaman así porque su sabor recuerda el de la longaniza.

GUACAMOLE CON TOMATE VERDE

Ingredientes:

½ kilo de tomates verdes
1 cebolla chica
1 chile verde serrano
3 aguacates grandes, de cáscara delgada
1 cucharada de cilantro picado
1 cucharada de aceite de oliva
  sal al gusto

Se les quita la piel a los tomates, se lavan y se ponen a cocer con el chile y la cebolla; cuando ya están casi deshechos, se escurren y se muelen junto con la cebolla y el chile. Los aguacates se pelan y se cortan en trocitos o se machacan con un tenedor de plata; se mezclan con el tomate molido, agregando el cilantro picado y el aceite. Se deja un hueso en la salsa, se saca al último momento y se pone la sal.

Sopas

SOPA AZTECA DE FRIJOLES

Para 6 personas.

Ingredientes:

250 grs. de frijoles
  1 cebolla
  6 huevos
  6 rebanadas delgadas de pan
    del tipo francés
  1 cucharadita de orégano
100 grs. de manteca fina de cerdo
 50 grs. de queso rallado
    sal y pimienta

La noche anterior se ponen a remojar los frijoles. Al día siguiente se hierven hasta que estén tiernos. Se escurren, dejando aparte el caldo, y se pasan por la licuadora. Luego, se cuelan por un tamiz, para que resulte un buen puré. En una cacerola con grasa se doran las rebanadas de pan. Se retiran, y en la misma manteca se fríe la cebolla, previamente picada, hasta dorarla. Se le añade, entonces, litro y medio del agua en que se cocieron los frijoles. Se sazona con sal, pimienta y orégano. Se agrega, entonces, el puré de frijoles y se deja hervir suavemente, hasta que espese.

Se sirve en cazuelitas individuales, colocando dentro de cada una, una rebanada de pan, se le esparce arriba el queso rallado y encima se vierte la sopa. Se rompe un huevo dentro de cada cazuelita. Se salan y se meten al horno a 180°C., hasta que la clara se cuaje. Se llevan a la mesa.

SOPA DE FLOR DE CALABAZA

Para 4 o 5 personas:

Ingredientes.

  35 flores de calabaza
250 grs. de jitomate
250 grs. de masa de maíz (se compra ya
      preparada)
   1 cebolla
   2 litros de caldo
   3 cucharadas de manteca fina
   3 cucharadas de aceite
      sal y pimienta

Se lavan perfectamente las flores y se cortan en trozos medianos. Se pica finamente la cebolla. Se muele el jitomate. Se ponen todos estos elementos en una cacerola con aceite caliente y se fríen. Cuando estén dorados se les agrega el caldo, previamente sazonado con sal y pimienta.

Aparte, se mezclan bien la masa, la manteca y la sal, haciendo unas bolitas del tamaño de una canica, ahuecándolas con el dedo. Se agregan estas bolitas al caldo, y cuando estén bien cocidas, se sirve la sopa caliente. Puede, si se desea, añadirse un poco de salsa picante.

CREMA DE FRIJOLES

Para 3 personas.

Ingredientes:

   1 taza de frijol cocido
   1 jitomate grande, duro y maduro

¼ de cebolla
1 diente de ajo
4 tiras de tocino, cortadas en cuadritos
2 cucharadas de mantequilla
¼ de cucharada de orégano
  galletas para sopa
  sal y pimienta

En la mantequilla caliente freír los cuadritos de tocino. En la licuadora moler la cebolla, el ajo, el jitomate (asado, sin piel ni semillas) y los frijoles. Luego vaciar el licuado en la cacerola del tocino. Añadir un poco de caldo si se necesitara, y sazonar con sal, pimienta y orégano. Se sirve caliente acompañado de las galletas.

SOPA POBLANA

Ingredientes:

2 cucharadas de manteca
1 cebolla
2 chiles verdes grandes
225 grs. de lomo de puerco
2 litros de caldo
6 cucharadas de puré de jitomate
2 elotes
3 calabacitas
60 grs. de queso rallado
2 aguacates
  sal y pimienta

Se corta el lomo de puerco en cuadritos pequeños y se fríe en la manteca; cuando empieza a dorar se agrega la cebolla picada finamente, los elotes crudos desgranados, las calabacitas crudas cortadas en cuadritos y los chiles asados, desvenados y cortados en cuadritos; se agrega el puré de jitomate y el caldo y se sazona con sal y pimienta; se deja hervir a fuego lento y cuando las verduras están cocidas se retira. Ya para servirse se agregan los aguacates picados y el queso rallado, disuelto en media taza de caldo.

ARROZ A LA MEXICANA

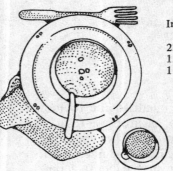

Ingredientes:

225 grs. de arroz
115 grs. de manteca
115 grs. de chícharos cocidos
  2 chorizos
  6 cucharadas de puré de jitomate
  2 huevos cocidos
  ½ cucharadita de jugo de cebolla
  1 taza de agua fría
  2 tazas de caldo
  1 cucharadita de perejil picado
  2 aguacates
  ¾ cucharadita de sal

Se remoja el arroz en agua caliente durante quince minutos, se lava en agua fría hasta que ésta sale clara y se escurre el arroz; cuando adquiere un color dorado se le quita la manteca, se le agrega el puré de jitomate y el jugo de cebolla; cuando reseca se le pone una taza de agua fría, la sal y los chícharos cocidos; al consumirse el agua se pone el caldo caliente, se tapa la cacerola y se deja hervir a fuego suave, hasta que el arroz queda seco, un grano separado del otro. Se vacía al platón, se espolvorea con el chorizo frito, rebanadas de huevo cocido y tiritas de aguacate.

SOPA DE FRIJOL

Ingredientes:

115 grs. de frijoles
 30 grs. de queso
  ½ cucharadita de orégano
  ½ taza de puré de jitomate
  1 cebolla
  2 tortillas
  3 cucharadas de manteca

Los frijoles, bien lavados, se remojan toda la noche en tres litros de agua, se cuecen en esa misma agua con una cebolla y una cucharada de manteca y cuando están suaves se muelen, se deshacen en dos litros de caldo en que se cocieron y se cuelan.

En otra cucharada de manteca se fríe el puré de jitomate y el jugo de cebolla y cuando reseca se agrega el frijol con el caldo y sal. Al espesar se pone el orégano, se deja dar un hervor, se retira del fuego y ya para servirse se pone el queso rallado y las tortillas cortadas en cuadritos y fritas en manteca.

SOPA DE PESCADO A LA VERACRUZANA

Ingredientes:

1   cabeza grande
½ kilo de pescado en trozo
1   hoja de laurel
2   cebollas
½ kilo de jitomate
3   ajos
3   cucharadas de aceite
1   chile largo, encurtido
1   cucharada de vinagre
     sal, pimienta y orégano al gusto

Se pone a cocer la cabeza con la hoja de laurel, la cebolla y la sal; se calienta el aceite, y se fríen en él la otra cebolla picada, los ajos picados y el jitomate (sin piel ni semillas). Cuando todo esté bien frito, se agrega el vinagre y el caldo en que se coció la cabeza, con los trocitos que puedan sacarse, el resto del pescado, frito en crudo y cortado en trocitos, el chile picado y el orégano. Se sazona con sal y pimienta y se deja hervir un rato.

SOPA MEXICANA

Para 4 personas.

Ingredientes:

10 tortillas

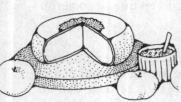

1 taza de acelga cocida
1 jitomate grande, duro y maduro
1 cucharada de cebolla picada
2 litros de caldo
1 cucharada de perejil picado
1 diente de ajo picado
  queso rallado
¼ taza de manteca fina
  sal

Asar y pelar el jitomate, quitándole las semillas; picarlo y molerlo. Luego freírlo en manteca, junto a la cebolla, el perejil y el ajo. Una vez frito, añadirle el caldo y la acelga (previamente picada fina), y las tortillas, ya cortadas en cuadritos y doradas en manteca. Se deja cocinar lentamente, y al momento de servirse, caliente, se le hecha el queso rallado.

FIDEOS A LA MEXICANA

Para 5 o 6 personas.

Ingredientes:

150 grs. de fideos delgados
  4 jitomates duros, maduros, asados,
    molidos y colados
  1 litro de caldo de pollo
  1 diente de ajo molido
  2 cucharadas de aceite de oliva
  1 trozo de cebolla molida
  1 ramita de perejil

En una cacerola se vierte el aceite, y una vez que esté bien caliente se pone la pasta a freír. Se remueve continuamente, para que se dore parejo, cuidando que no se queme. Cuando tenga un color oro, se le añade el jitomate con la cebolla y el ajo, molido todo y perfectamente colado. Se hace freír unos minutos, se agrega el caldo y el perejil, se sazona con la sal. Se tapa el recipiente y se hace hervir a fuego vivo, hasta que los fideos estén bien cocidos. No deben quedar secos. Se sirven muy calientes.

SOPA DE JITOMATE Y HUEVO

Para 4 personas

Ingredientes:

4 jitomates muy maduros
caldo, lo que se necesite
2 tallos de apio
2 cucharadas de perejil picado
4 huevos
2 cucharadas de tapioca
sal y pimienta

Lavar, pelar y quitarle las semillas a los jitomates, licuarlos, medir la cantidad obtenida y completar con el caldo hasta lograr en total, 1 litro de líquido. Colocar éste en una cacerola con los tallos de apio, cortados en trozos grandes. Se pone el recipiente sobre fuego mediano. Cuando el caldo empiece a hervir se le echa la tapioca en forma de lluvia, y se deja cocinar durante unos 10 minutos. Se quitan luego los trozos de apio, y se sazona con sal y pimienta. Se mantiene a un calor suave. Mientras, se hierven los huevos durante 6 minutos (contando desde que empiecen a hervir). Se retiran, se les quita con cuidado las cáscaras y se colocan cada uno en los platos en que se va a servir la sopa. Se vierte ésta sobre los huevos y se espolvorea encima el perejil picado. Servir inmediatamente.

TORTILLAS A LA CREMA

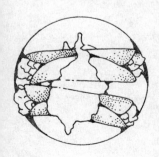

Para 6 o 7 personas

Ingredientes:

20 tortillas cortadas en tiras delgadas
150 grs. de queso rallado
1 taza de puré de jitomate
¼ de taza de crema agria
1 diente de ajo
1 cebolla finamente picada
1 cucharada de epazote, picado finamente
sal y pimienta
aceite suficiente para freír las tortillas

En el aceite freír las tortillas, quitarlas y ponerlas a escurrir sobre papel de estraza. Moler el jitomate junto con el ajo, la cebolla y la sal y ponerlos a freír en el aceite. Una vez sofrito, se le agregan las tortillas y la crema, esparciendo por último el queso y el epazote. Poner la preparación en una fuente refractaria, y hornear a 250°C., durante 10 minutos, más o menos, hasta que se haya espesado. Servir caliente.

CREMA DE ELOTE

Para 4 personas

Ingredientes:

4   elotes tiernos, desgranados
4   tazas de leche
2   corazones de alcachofa, cocidos y picados
1   cebolla chica, picada finamente
1   cucharadita de azúcar
1   cucharada de mantequilla
    sal y pimienta

Licuar los elotes junto con el azúcar y ½ taza de leche. Poner al fuego en una cacerola la mantequilla con la cebolla, hasta que se haya acitronado. Agregar entonces el puré de elote, y dejar freír un poco, mezclarle poco a poco la leche restante, y dejarle soltar el hervor. Hervir a fuego lento durante un cuarto de hora, agregar los corazones de alcachofa y servir caliente.

MACARRONES AL GRATIN

Para 5 personas

Ingredientes:

250   grs. de macarrones gruesos
  1   litro de leche
  5   huevos
  3   cucharadas de mantequilla
  1   trozo de cebolla
      sal y pimienta

Se cuecen los macarrones, a fuego fuerte, en bastante agua con sal y cebolla. Una vez cocidos, se escurren y se refrescan con agua fría. En una fuente refractaria honda, previamente untada con mantequilla, se rompen los huevos y se baten ligeramente. Aparte se revuelven los macarrones con la leche, se sazonan con sal y pimienta y se vierten en la fuente. Se les pone encima la mantequilla, en pequeños trozos. Se meten al horno, a 350°C., hasta que cuaje la leche y que queden levemente dorados. Se pueden servir adornados con perejil chino.

ESPAGUETIS A LA MANTEQUILLA

Para 4 personas

Ingredientes:

250 grs. de espaguetis
¼ litro de crema
150 grs. de jamón
150 grs. de mantequilla
100 grs. de queso añejo
100 grs. de queso de bola
2 cucharadas de perejil picado
1 cucharada de cebolla, finamente picada
sal y pimienta

Se cuecen en agua con sal los espaguetis. Cuando están suaves, se cuelan y se pasan por agua fría. Se unta una fuente refractaria con mantequilla derretida, y se dispone en ella una capa de espaguetis, luego una de crema, (a la cual previamente se le habrá agregado el perejil y la cebolla). Se sigue con una capa de queso añejo rallado, otra de queso bola cortado en tiritas, y el jamón partido en cuadritos. Se esparcen encima trocitos de mantequilla, sal y pimienta, y se sigue repitiendo las capas en la misma forma. La última deberá ser de queso y mantequilla, y un poquito de crema. Se pone la fuente en el horno a 200°C., hasta que se dore el queso. Se sirve en seguida.

SOPA DE AGUACATE

Para 4 personas

Ingredientes:

2 tazas de caldo de pollo
1 taza de jugo de jitomate
100 grs. de jamón cocido, cortado en cuadritos
2 aguacates machacados
1 aguacate en rebanadas
2 cucharadas de limón
2 clavos de olor
½ cucharada de azúcar
1 hoja de laurel
sal

Calentar el caldo de pollo y mezclar el jugo de jitomate, los clavos, el laurel y la sal. Colar el caldo y agregarle el puré de aguacate y el jamón. Hervir todo durante 5 minutos y añadir el jugo de limón. Se sirve caliente, decorado con las rebanadas de aguacate.

SOPA DE CHICHAROS

Para 4 o 5 personas

Ingredientes:

250 grs. de chícharos desgranados
2 tazas de caldo
2 tazas de leche
½ taza de crema fresca
1 cucharada de mantequilla
1 diente de ajo
½ cebolla chica
sal y pimienta

Cocinar los chícharos en agua con sal y una pizca de bicarbonato. Colarlos y molerlos con el caldo frío. En una cacerola calentar la mantequilla, agregar los chícharos molidos, la leche, el ajo entero y sazonar con sal y pimienta, dejar hervir algunos minutos y quitar el ajo. Colocar en cada plato una cucharada de crema y servir la sopa.

Salsas

SALSA DE BARBACOA

Ingredientes:

½ taza de vino blanco
¼ taza de agua
½ taza de jitomate, cocido y molido
1 cebolla mediana, picada
1 cucharada de azúcar
2 cucharadas de vinagre
¼ cucharadita de sal
1 cucharadita de mostaza en polvo

Se unen todos los ingredientes, y se cocinan perfectamente. Esta salsa puede servir para acompañar cualquier clase de carne.

SALSA MEXICANA

Ingredientes:

4 jitomates grandes, maduros
1 pimiento morrón rojo
½ pimiento morrón verde
2 cebollas medianas
3 cucharadas de azúcar
1½ taza de vinagre

2 cucharaditas de sal
1 pizca de clavo de olor en polvo
1 pizca de nuez moscada
¼ de cucharadita de canela en polvo
chile molido, la cantidad que se desee

Se quita la piel y las semillas a los jitomates. Se pican y se meten en una cacerola. Se le añaden las cebollas picadas finas, los pimientos picados, el azúcar, vinagre, clavo de olor, nuez moscada, canela, el chile y la sal. Se dejan hervir todos los elementos suavemente, hasta obtener una salsa espesa. Pasar luego a una salsera. Sirve para acompañar todo tipo de carnes, usándose caliente o fría.

SALSA ENDIABLADA

Ingredientes:

200 grs. de chile cascabel
200 grs. de chile guajillo
100 grs. de chile de árbol
1 raja de canela
5 clavos de olor
10 pimientas gruesas
½ cucharadita de comino
1 cucharada de orégano
¾ litro de vinagre
2 cebollas medianas
4 dientes de ajo
sal

Se muelen en el metate los chiles en crudo con todos los demás ingredientes. Se bajan del metate con el vinagre que se necesite para formar una salsa de buena consistencia. Se sazona con la sal. Se usa una cantidad mínima para sazonar platillos.

SALSA DE CHIPOTLE

Ingredientes:

1 lata chica de puré de jitomate

2 hojas de laurel
1 rebanada de tocino
1 zanahoria chica
1 cucharada de piloncillo
½ tablilla de chocolate
50 grs. de pasas
1 rebanada de piña
5 chipotles en adobo
½ diente de ajo
1 cucharada de cebolla picada
1 taza de caldo
1 cucharada de azúcar
aceite

En un poco de aceite se fríen las 2 hojas de laurel y se sacan apenas empiecen a tostarse. Se fríe el tocino y se añade el piloncillo, removiendo con fuerza para que no se queme. Se agrega la zanahoria picada y un poco de agua caliente. Se pone el puré de jitomate y la piña desmenuzada y se deja dar un buen hervor. Aparte se muele el chocolate con las pasas y los chipotles. Se añade esta mezcla a la preparación anterior y se deja hervir bien. Se sazona con la sal y se une el caldo. Se hace hervir por unos diez minutos. Se añade después el azúcar, se hace dar otro hervor, y ya estará lista. Esta salsa se sirve para acompañar a las carnes.

SALSA DE CHILE PASILLA

Ingredientes:

3 chiles pasilla
1 cucharada de aceite o manteca
3 cucharadas de aceite de oliva
2 cucharadas de vinagre bueno
1 cucharadita de orégano seco
50 grs. de queso añejo desmoronado
sal

Se calienta la manteca o aceite y se doran los chiles; se les quitan las semillas, se desvenan y cortan en trocitos. Se mezclan con el aceite, el vinagre, la sal y el orégano; se ponen en la salsera, con el queso por encima. Es muy buena con el caldo de haba.

SALSA DE CHIPOTLE Y AGUACATE

Ingredientes:

½ kilo de jitomate
3 chipotles en vinagre
3 aguacates, de cáscara delgada
1 cucharada de cebolla picada
50 grs. de queso añejo
1 cucharada de aceite de oliva
orégano y sal al gusto

Se asan y pelan los jitomates, se les quita las semillas y se muelen junto con los chipotles bien desvenados. A esta salsa se le agregan los aguacates pelados y cortados en trocitos, la cebolla picada, el aceite, el orégano y la sal al gusto. El queso se le espolvorea por encima.

SALSA DE CHILE CASCABEL

Ingredientes:

8 tomates verdes
5 chiles cascabel
3 dientes de ajo
sal

Los tomates se hierven. Los chiles se tuestan y se pican en el molcajete junto a los tomates y a los ajos, agregando la sal.

Se sirve en la salsera, con cualquier platillo.

SALSA DE CHILES CUARESMEÑOS

Ingredientes:

6 chiles cuaresmeños rojos
3 jitomates grandes
3 cucharadas de cebolla picada
2 dientes de ajo
2 cucharadas de aceite vegetal

2 cucharadas de aceite de oliva
un poquito de caldo
sal

Los chiles se desvenan bien. Se pueden desflemar en agua caliente con un poquito de sal, dejándolos algunas horas o toda la noche. Se calientan juntos los dos aceites, y se doran los dientes de ajo, retirándolos luego. En este aceite se vierte, para freír, la cebolla picada, el jitomate (molido sin piel y sin semillas), y se deja hasta que se ponga chinito. Se agregan entonces los chiles, cortados en rajas, un poquito de caldo, para soltar la salsa y se sazona con la sal. Esta salsa se sirve caliente, para acompañar algunas carnes.

SALSA BORRACHA

Ingredientes:

100 grs. de chile pasilla
  1 vaso de pulque fuerte
  2 chiles serranos y aceitunas en vinagre
  1 diente de ajo
  1 cebolla mediana picada
 50 grs. de queso rallado
  1 cucharada escasa de aceite de oliva
    sal

Los chiles pasilla se desvenan y tuestan. Luego se muelen junto al diente de ajo. Se les agrega el pulque y el aceite de oliva. Debe quedar una salsa aguada. Para servirla se le añaden los chiles serranos y las aceitunas, la cebolla picada, y se le espolvorea encima el queso. Sazonar con sal.

SALSA DE CREMA

Ingredientes:

 50 grs. de mantequilla
  2 cucharadas de harina
  ¼ litro de crema de leche
 ⅛ litro de leche
  ¼ taza de jugo de jitomate

Se derrite la mantequilla, cuando empieza a dorarse se le agrega la harina. Luego se añade la leche removiéndola, y en seguida el jugo de jitomate. Se deja espesar un poco y se pasa a una salsera. Se sirve con filete de pescado, agregándole la crema.

SALSA MICHICHILTEXTLI

Ingredientes:

100 grs. de camarón molido en polvo
 50 grs. de ajonjolí
 ½ cebolla chica
  2 chiles anchos
  2 chiles mulatos
  2 chipotles en vinagre
  3 ramitas de epazote
    manteca para freír·
    sal

Se tuestan los chiles, se remojan en agua y se muelen. Se dora el ajonjolí y se muele también. Se fríe en la manteca el polvo de camarón con los chipotles mortajados y la cebolla. Se añade todo y se sazona con la sal y el epazote. Se le agrega agua tibia y se deja hervir un rato a fuego vivo. Esta salsa sirve para acompañar carnes de diversos tipos.

GUACAMOLE

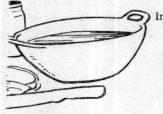

Ingredientes:

3 aguacates
3 jitomates
3 chiles serranos verdes
2 ramitas de cilantro
1 cebolla grande
  sal

Los aguacates se pelan y se machacan con una paleta de madera. El cilantro, los jitomates (sin piel ni semillas) la cebolla y los chiles se pican finamente. Se les incorpora el aguacate revolviendo bien y sazonando con sal. Si no se sirve en seguida, dejar en la salsa un hueso de aguacate, para evitar que la salsa se enegrezca.

SALSA CRIOLLA

Ingredientes:

1 cebolla mediana cortada en rebanadas
1½ taza de tomates verdes, cocidos y molidos
1 taza de chícharos cocidos
3 tallos de apio picados
¾ taza de pimiento verde
1 cucharada de harina
2 cucharadas de aceite
1 cucharadita de chile en polvo
2 cucharadas de sal
¼ de cucharadita de pimienta
2 cucharaditas de vinagre
1 cucharadita de azúcar
1 taza de agua

A fuego lento, con el aceite, se doran la cebolla, el apio y el pimiento verde. Se le agregan la harina, el chile en polvo, azúcar, sal y pimienta. Se añaden el jugo de tomate y el vinagre, poco a poco, removiendo contínuamente. Se pone a fuego lento, evitando que hierva. Se unen los chícharos, y si se desea la salsa más espesa, se le puede agregar un poco de harina, disuelta en agua fría. Esta salsa se usa con arroz blanco.

CHIMOLE

Ingredientes:

100 grs. de manteca fina
2 tortillas
5 chiles anchos
6 pimientos
2 dientes de ajo
3 hojas de epazote
3 jitomates
½ cucharada de achiote
sal

Quitadas las semillas a los chiles se tuestan y se ponen a hervir. Las tortillas se doran, cuidando que no se quemen. Ya cocidos los chiles, se quitan del recipiente y se agrega agua fría hasta obtener un litro de líquido. Moler juntos el ajo, los pimientos, el achiote, el chile y las tortillas ya doradas. Esta mezcla molida se disuelve en el líquido ya preparado. Se calienta la manteca y se fríen en ella los jitomates pelados y picados (sin semillas), añadiendo las hojas de epazote. Se retira del fuego y se deja enfríar para agregarle luego los ingredientes anteriores, haciendo hervir todo durante quince minutos. Es una salsa que se usa para acompañar productos marinos.

SALSA DE LOS REYES

Ingredientes:

250 grs. de chile mulato
125 grs. de chile ancho
125 grs. de chile pasilla
100 grs. de aceite de oliva
  1 taza de jugo de naranja
  1 taza de vinagre
  1 cucharadita de orégano
  1 cebolla mediana
  1 cucharada de queso añejo
    lechuga, rabanitos y aceitunas
    en cantidad necesaria

Los chiles se desvenan, y se cortan con tijeras en sentido longitudinal. Freirlos levemente en el aceite de oliva, sin dorarlos demasiado. Sacarlos del aceite, dejándolos reposar unos 15 minutos. En una cazuela honda, en la cual previamente se mezcló el vinagre con el jugo de naranja, agregar los chiles y el aceite. Revolver todo muy bien y espolvorear con el orégano. Dejar descansar por un par de horas. Sírvase en una salsera, adornando con rabanitos cortados en forma de flores, hojas tiernas de lechuga, aceitunas, ruedas de cebolla desflemadas en agua. Por último se espolvorea con el queso rallado. Si se deja reposar durante 24 horas, resultará más agradable su sabor.

Huevos

HUEVOS EN CHILE POBLANO

Ingredientes:

     8 huevos cocidos
   225 grs. de queso fresco
    30 grs. de manteca
   ½ taza de crema
     4 chiles verdes poblanos
     2 tazas de leche
     1 taza de puré de jitomate
     1 cebolla
       sal y pimienta

Se fríen en la manteca los chiles asados, desvenados y cortados en rajas, se agrega la cebolla picada y el puré de jitomate; se sazona de sal y pimienta y cuando está bien frito se agrega la leche, la crema y el queso rebanado. Se deja hervir a fuego muy suave y cuando espesa se añaden los huevos cocidos rebanados; se deja hervir un poco para que se sazonen y se sirven muy calientes.

HUEVOS RANCHEROS

Ingredientes:

     6 huevos

```
  6 tortillas
140 grs. de manteca
 85 grs. de queso fresco
  2 aguacates
  1 chile serrano
  1 taza de puré de jitomate
  1 cebolla
  1 diente de ajo
    sal al gusto
```

Las tortillas se fríen en manteca, cuidando de que no doren; sobre cada una se pone un huevo estrellado, teniendo cuidado de que no se rompa la yema; sobre cada uno se pone una cucharada de salsa y se adorna con rebanadas de queso y de aguacate.

La salsa se hace de la siguiente manera: En una cucharada de manteca se fríen la cebolla y el diente de ajo picados, el puré de jitomate y los chiles finamente picados, se sazona con sal y se deja hervir hasta que espesa ligeramente.

HUEVOS ENDIABLADOS

Para 6 personas.

Ingredientes:

```
  6 huevos
 60 grs. de mantequilla
 ¼ litro de crema fresca
  1 lata de jamón endiablado
    sal y pimienta
```

Engrasar una fuente refractaria con mantequilla. Cubrirlo con el jamón endiablado. Estrellar encima los huevos, uno por uno y sazonar con sal y pimienta. Ahora verter la crema y alternar con pedacitos de mantequilla. Poner la fuente en el horno, cuya temperatura debe estar a 200°C. Cuando esté cocido y dorado, servir inmediatamente.

HUEVOS RANCHEROS EN SALSA VERDE

Para 6 personas

Ingredientes:

- 6 huevos
- 6 tortillas chicas
- 75 grs. de manteca
- 2 chiles serranos
- 12 tomates verdes
- 1 cebolla chica
- 1 diente de ajo
- 1 ramita de cilantro
- sal y pimienta

Las tortillas se fríen en la manteca. Los huevos se estrellan en la manteca. La salsa se habrá preparado previamente, moliendo los tomates verdes cocidos, la cebolla, el ajo, los chiles y el cilantro, sazonando con sal y pimienta. Las tortillas se disponen en un platón caliente y sobre cada una de ellas se coloca un huevo estrellado, que se cubrirá con la salsa ya preparada. Servir caliente.

HUEVOS A LA MEXICANA

Para 2 personas

Ingredientes:

- 3 huevos
- 1 cucharada de manteca
- 2 cucharadas de leche
- 1 cebolla chica
- 1 cucharada de perejil picado
- sal y pimienta

Se mezclan los huevos con la leche, la cebolla y el perejil picado, sazonando todo con sal y pimienta. En la sartén se calienta la manteca y se vierte la preparación anterior. Cuando ésta empieza a tomar consistencia en su parte inferior, la tortilla se da vuelta haciéndola rodar rápidamente. Debe quedar dorada por fuera y suave por dentro. Se enrolla entonces en forma alargada, cuidando que las orillas queden bien cerradas. Se sirve en seguida.

HUEVOS DE RANCHO

Para 6 personas

Ingredientes:

- 6 huevos
- 50 grs. de chile pasilla
- 12 tortillas delgadas
- 6 rebanadas de queso fresco
- 2 dientes de ajo
- ½ taza de crema de leche
- 150 grs. de manteca
- 1 cebolla chica
  sal y pimienta

Los chiles se desvenan, se tuestan y se ponen a remojar en agua caliente, para suavizarlos. Luego se secan y se fríen en 50 grs. de manteca, con la cebolla y los ajos picados hasta que se pongan chinitos. Se baten un poco los huevos, se unen a los chiles, se sazonan, y se dejan secar moviéndolos.

Las tortillas se fríen en la manteca restante y se dejan dorar un poco. Se disponen en un platón extendido, reunidas por los lados, dos a dos. Sobre cada pareja de tortillas se pone un huevo, que se adorna con una rebanada de queso y un poco de crema. Se sirven en seguida, bien calientes.

HUEVOS EN FRIO

Para 5 personas

Ingredientes:

- 5 huevos duros
- 1 cucharadita de mostaza
- 1 cucharadita de crema
- 1 cucharada de mayonesa
- ½ cucharadita de salsa inglesa

½ cucharadita de sal
5 aceitunas rellenas
pimienta

Quitar las cáscaras a los huevos y cortarlos a la mitad por el largo. Quitarles las yemas, que se ponen en un plato y se deshacen. Se mezclan todos los ingredientes con las yemas y con esta preparación se llenan los huecos de los huevos, espolvoreándolos con pimienta y adornándolos cada uño con una aceituna.

TORTILLA A LA MEXICANA

Para 4 personas

Ingredientes:

5 huevos
½ taza de jamón cocido, picado
1 cebolla chica
2 cucharadas de manteca
1 cucharada de perejil
sal

Licuar los huevos con la cebolla, el perejil y la sal; a continuación mezclar el jamón. En la sartén poner la manteca al fuego. Cuando esté caliente, verter en ella los huevos; cuando empiecen a cuajar, se dobla la tortilla y se enrolla en la sartén mismo. Debe quedar dorada por fuera y tierna por dentro.

HUEVOS ESCALFADOS

Para 6 personas

Ingredientes:

6 huevos muy frescos
1 cucharadita de vinagre, sal
6 rebanadas de pan tostado
mantequilla para untar el pan

En una cacerola chica se pone un poco de agua con el vinagre. Cuando suelta el hervor se deja caer el huevo, que ya se habrá roto en un platillo hondo. Se deja caer el huevo desde muy abajo, al ras del agua. Con una espumadera se reune la clara alrededor de la yema, para cubrirla bien y para que no se extienda. Se deja hervir a fuego muy lento aproximadamente 3 minutos. Previamente se habrán preparado las rebanadas bien untadas con mantequilla. Se retira el huevo con cuidado en la espumadera y se coloca sobre la tostada. Esta operación se repite con cada huevo. Se sirven inmediatamente.

TORTILLA CON HONGOS

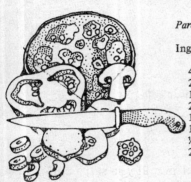

Para 3 personas

Ingredientes:

4 huevos
2 cucharadas de mantequilla
1 cucharada de leche
2 tazas de hongos o champiñones frescos
1 jitomate grande
1 pimiento verde
½ cebolla chica
2 cucharadas de aceite
   sal y pimienta

Se baten bien los huevos. Se les agrega la leche, la sal y la pimienta. En una sartén se calienta la mantequilla, y se vierte la mezcla de huevo. Remover hasta que empiece a cuajar. Se dobla, entonces y se deja al fuego unos minutos. Antes de doblar la tortilla se le vierte el relleno que se prepara en esta forma: se pica el jitomate, el pimiento y la cebolla. Se fríen en aceite, y antes de que hiervan se le echan los hongos, (limpios, cocidos y escurridos). Se sazona y se deja espesar. Este platillo va servido bien caliente.

Verduras Ensaladas y Legumbres

CALABACITAS MEXICANAS

Para 4 o 5 personas.

Ingredientes:

1 kg. de calabacitas medianas
¼ kg. de carne de puerco
2 jitomates medianos
2 chiles poblanos
1 cucharada de cebolla picada
1 queso fresco
1 diente de ajo
2 elotes
3 cucharadas de aceite

Se pican las calabacitas y la carne de puerco en pequeños trozos. Los chiles (asados y partidos en rajas). Uno de los elotes se corta en rodajas y el otro se desgrana.

Se fríe la carne en el aceite caliente hasta que se dore. Luego se le echan los jitomates, la cebolla y el ajo, todo bien picado hasta que se reahoguen. Por último se añaden las calabacitas, las rajas de chile y los elotes. Se sazona con sal y se deja cocer en su jugo, sin agregar agua. Este platillo se sirve adornado con el queso cortado en rebanadas.

NOPALES CON QUESO

Ingredientes:

½ kilo de nopales tiernos
2 cucharadas de manteca o aceite
1 rama de epazote
  chile verde al gusto
½ pieza de queso fresco
  sal

Se limpian y cuecen los nopales en un poco de agua con una pizca de tequesquite. Se calienta la manteca o aceite y se fríen, añadiendo el epazote, el chile y las rebanadas de queso; se dejan sazonar un rato y se sirven. Deben quedar secos.

QUELITES

Ingredientes:

½ kilo de quelites
¼ de kilo de jitomate rojo
2 cucharadas de cebolla picada
2 dientes de ajo picados
2 chiles poblanos
3 cucharadas de manteca o aceite
  sal al gusto

Se les quitan las raíces a los quelites, se lavan muy bien y se cuecen con muy poca agua y una pizca de carbonato y sal. Se calienta la manteca o aceite y se fríen la cebolla y el ajo; cuando empiezan a estar blandos se agregan las rajas de chile (asado, pelado y desflemado) y los jitomates picados. Una vez bien frito esto, se ponen los quelites, sal y pimienta; se dejan un rato a que se sazonen bien y se sirven con triángulos de pan frito.

QUESADILLAS

Ingredientes:

½ kilo de masa
3 cucharadas de harina

1 cucharada de manteca derretida
1 cucharadita de royal
½ taza de nata de leche, espesa
1 cucharadita de sal
manteca o aceite para freír

Se mezcla la masa con la manteca quemada y la harina, el royal y la sal; se amasa un poco y se pone en un trasto tapado, dejándolo reposar 2 o 3 horas. Se forman las tortillitas, se rellenan y se fríen.

RELLENOS: De seso: Se fríe un poco de cebolla picada, se agrega un poco de harina o maicena y cuando empieza a tomar color dorado, se pone los sesos cocidos y picados, epazote o nuez moscada al gusto.

De papa: Se fríe muy bien jitomate picado o molido; en seguida se añaden las papas cocidas y picadas, unas rajitas de chile y sal al gusto. Se les puede añadir longaniza o chorizo.

De huitlacoche: Se fríen cebolla y ajo picados; se añade el huitlacoche picado en crudo, chile al gusto y sal.

De chicharrón: Se muele el chicharrón y se le mezcla chile pasilla, tostado y desmenuzado, epazote y sal.

De queso y rajas: El queso desmoronado o cortado en trocitos, se mezcla con las rajas de chile tostado, desvenado y pelado.

De flor de calabaza: Se fríe cebolla picada y se le agregan las flores cocidas y picadas. Se sazona con chile picado, sal y epazote.

De papas y chícharos: Se mezclan las papas cocidas y picadas con chicharitos cocidos, rajas de chile poblano y queso desmoronado.

ENSALADA DE NOPALITOS

Ingredientes:

1 kilo de nopalitos
½ kilo de jitomate
3 cucharadas de cebolla picada
cilantro picado y chile picado
al gusto

queso fresco o añejo
aceite, vinagre y sal
todo al gusto

Se ponen a cocer los nopalitos, limpios y cortados en tiritas o cuadritos, con una pizca de tequesquite; se escurren y se ponen en una coladera grande, tapándolos con una servilleta mojada en agua fría (esto se hace para que se les corte la baba). Los jitomates se ponen un momento en agua hirviente, se pelan, se refrescan con agua fría y se cortan a la mitad para quitarles las semillas; se pican y se mezclan con los nopalitos, la cebolla y el cilantro picados, y el chile al gusto. Se aderezan con aceite, vinagre y sal y se ponen en un platón de cristal, adornándolos con queso rallado o en tiritas. En lugar de cilantro, se puede poner orégano seco desmenuzado.

FRIJOLES RANCHEROS

Ingredientes:

½ kilo de frijol negro
½ kilo de masa
3 cucharadas de manteca
3 elotes tiernos
1 chipotle
1 rama de epazote
sal al gusto

Los frijoles se ponen a cocer con su cebolla, manteca, etcétera; cuando ya están cocidos, se hacen unas bolitas con la masa hecha con manteca y sal. Estas bolitas se echan en los frijoles cuando estén cocidos, agregando también las rebanadas de elote, el chipotle y la rama de epazote. Debe quedar todo bien cocido y poco espeso.

NOPALES CON CHILE PASILLA

Ingredientes:

½ kilo de nopalitos tiernos

1 cebolla cabezona
1 cucharada de maicena
2 chiles pasilla
1 rama de epazote
2 cucharadas de manteca o aceite
1 cucharada de aceite de oliva
sal al gusto

Se cuecen los nopalitos (limpios y cortados en tiritas) en un poco de agua con una pizca de tequesquite; se escurren en una coladera grande tapándolos con una servilleta o trapo mojado en agua fría y doblado, pues así se les corta la baba. Se calienta la manteca o aceite y se fríen los nopales con la cebolla rebanada; cuando están fritos, se espolvorean con la maicena y se les agrega agua, los chiles pasilla, la rama de epazote y sal. Se dejan hervir un rato (han de quedar caldosos). Al servirse se les agrega el aceite de oliva.

CHILES RELLENOS DE PICADILLO

Para 6 personas.

Ingredientes:

12 chiles poblanos frescos y sanos
500 grs. de carne molida
1 tomate
1 cebolla
3 dientes de ajo
3 huevos
un poco de harina
aceite para freír
sal al gusto

Los chiles se tuestan sobre el comal por todos lados y se colocan en una bolsa de plástico para que suden. Aparte, en un poco de aceite, se fríe la carne molida, agregándole los ajos y la cebolla finamente picada; una vez acitronada la cebolla, se le agrega el tomate picado y se deja sazonar todo hasta que esté cocido el picadillo. Aparte se limpian y se desvenan los chiles, procurando no romperlos. Se dejan un buen rato en agua con sal para desflemarlos. Se escurren y se secan, rellenándolos con el picadillo. Con unos palillos se cierran para que no se salga el picadillo, se enharinan y se capean con el huevo, de los que se habrán batido las claras a punto de turrón incorporándoles poco a poco las yemas. Se fríen en suficiente aceite caliente hasta que el huevo tome color dorado claro. Se pueden acompañar de unos frijoles refritos o de una salsa de tomate.

BUDIN DE CALABACITAS

Ingredientes:

    ¾ de kilo de calabacitas
250 grs. de jitomate
    2 chiles gordos
    1 queso fresco chico
200 grs. de crema de jocoqui
  25 grs. de nata de leche
    2 huevos
    5 galletas de soda

Se pican las calabacitas y se sancochan; el jitomate se cuece y se cuela, friéndose en manteca con rajas de chiles asados, sal y un poquito de azúcar. Luego se ponen las calabazas bien escurridas, dejándose hervir hasta que resequen. Se sacan y se dejan enfriar revolviéndosele las natas, los huevos batidos como para tortas y el polvo de galletas. Se engrasa un molde, poniéndole un papel en el fondo, se vacía la pasta y se hornea. Cuando se saca se baña con la crema sazonada con sal y azúcar, adornándose con bolitas de queso fresco.

BUDIN DE ELOTE

Ingredientes:

    6 elotes
140 grs. de mantequilla
    ½ taza de crema
    6 huevos
    1 cucharada de azúcar
    1 cucharadita de sal
    3 cucharadas de polvo de pan
    1 taza de leche

Se bate la mantequilla hasta que acreme, se agregan los granos de elote molidos en crudo, los huevos uno a uno, la sal, el azúcar y la leche. Se vacía a un molde corona engrasado y espolvoreado con el polvo de pan y se cuece a horno a calor suave. Ya cocido se vacía al platón y en el centro se pone la crema batida sazonada con sal y pimienta.

CALABACITAS CON ELOTES

Ingredientes:

675 grs. de costillas de puerco
675 grs. de calabacitas
225 grs. de jitomates
225 grs. de queso crema
5 chiles poblanos
4 tazas de caldo
2 cucharadas de manteca
2 dientes de ajo
1 cebolla
2 hojas de epazote

Se fríen en la manteca las costillas de puerco y los chiles ya asados, desvenados y cortados en tiritas, se agregan los elotes crudos rebanados, las calabacitas crudas cortadas en cuadritos, el jitomate asado, molido con la cebolla y el ajo y colado; cuando reseca se le pone el caldo, sal y pimienta y se deja en el fuego hasta que todo esté bien cocido y espeso; se vacía al platón y se adorna con rebanadas de queso.

CHAYOTES RELLENOS

Ingredientes:

6 chayotes regulares
50 grs. de mantequilla
1 cebolla
pimienta molida
polvo de pan

Se cortan por mitades los chayotes y se cuecen, se les saca la pulpa cuidando de no romperles la cáscara y se amasa y revuelve con la cebolla picada y acitronada antes en la mantequilla y el polvo de pimienta. Con esta masa se rellenan los chayotes, se cubren con polvo de pan y se cuecen a dos fuegos hasta que doran por encima.

CHILES RELLENOS

Ingredientes:

12 chiles poblanos
280 grs. de lomo de cerdo picado
280 grs. de jitomate
280 grs. de ternera
675 grs. de jitomate para el caldillo
225 grs. de manteca
 60 grs. de almendras
 60 grs. de piñones
 60 grs. de harina
  4 huevos
  1 raja de canela
  2 cebollas
  3 acitrones
  2 cucharadas de vinagre
  1 taza de caldo
  1 rama de perejil
  ½ cucharadita de canela
    sal y pimienta

En dos cucharadas de manteca se fríe la cebolla finamente picada y las carnes, se agrega el jitomate asado, molido y colado, las almendras peladas y cortadas en tiritas, el acitrón picado y los piñones; se sazona con el vinagre, el polvo de canela, sal, pimienta y una pulgarada de azúcar, y se deja en el fuego hasta que espesa.

Los chiles se asan, se envuelven en una servilleta dejándolos así media hora; entonces se les quita la piel, se abren verticalmente, se desvenan, se les quitan las semillas, se rellenan con el picadillo, se revuelven en la harina y en los huevos que estarán batidos, se fríen en la manteca y se ponen en el caldillo a que hiervan un poco; se vacían en un platón y se espolvorean con perejil picado.

El picadillo se hace como sigue: En una cucharada de manteca se fríe el jitomate asado, molido con la cebolla y la canela y colado, y el caldo se sazona con sal y pimienta; cuando espesa se agregan los chiles a que den un hervor.

EJOTES EN SALSA

Ingredientes:

250 grs. de ejotes tiernos
½ cucharadita de tequesquite en polvo
1 cucharada de harina
1 cucharada de maizena
1 cucharada de jugo de limón
3 cucharadas de mantequilla
1 taza de leche
1 yema de huevo
1 pulgarada de pimienta cayena
  sal y pimienta

Se cortan los ejotes en tiritas delgadas y se cuecen con sal y el tequesquite; cuando están suaves se estilan y se prepara la salsa de la manera siguiente:

Se pone a derretir una cucharada de mantequilla, dorándose en ella la harina y la maizena, poniéndose la leche poco a poco. Se mueve bien para que no se haga bolas, dejándose hervir tres minutos; se baja de la lumbre y se ponen las yemas de huevos; se vuelve al fuego poniéndole las otras dos cucharadas de mantequilla, la de jugo de limón, sal, pimienta blanca y la pimienta cayena. Al sacarse, se le revuelven los ejotes.

TORTAS DE CALABACITAS

Ingredientes:

1 kilo de calabacitas
100 grs. de mantequilla
¼ de litro de leche
4 huevos
  polvo de queso
  polvo de pan
  sal, azúcar y
  unas rajitas de panela

Se pican las calabacitas y se cuecen con poca agua; cuando éste se ha consumido se les pone la leche y se dejan hervir hasta que se sequen, agregándoles un trocito de mantequilla, sal y azúcar al gusto. Se baten los huevos y cuando las calabacitas están frías se revuelven sin batirlas; se unta un molde con mantequilla espolvoréandolo de pan molido y se pone una capa de calabacitas, otra de panela y polvo de queso y después otra de calabacitas. Finalmente se pone encima polvo de pan y se mete al horno a que se dore.

BUDIN AZTECA

Para 4 personas.

Ingredientes:

  10 tortillas
100 grs. de chile pasilla
150 grs. de queso crema
  ¼ litro de crema
  ¼ litro de aceite
      sal

Se desvena el chile y se tuesta. Se pone a remojar y luego se fríe con un poco de aceite, cuidando que no se reseque mucho. Se unta una fuente refractaria y se disponen las tortillas (previamente fritas en el aceite de los chiles). Se les agrega el queso y la crema sazonados con sal y se recubren con los chiles. Se le añade una taza de agua, se cubre el recipiente y se mete al horno, a la temperatura de 250°C., hasta que quede bien cocido. Se sirve caliente.

NOPALITOS RELLENOS

Para 5 personas.

Ingredientes:

  20 nopalitos tiernos
140 grs. de manteca
120 grs. de queso fresco
  ¼ cucharada de bicarbonato

3 cucharadas de harina
4 chiles anchos
3 huevos
2 cebollas
1 diente de ajo
sal y pimienta

Los nopales se cuecen en agua hirviente con 1 cebolla, la sal y el bicarbonato. Se escurren bien y se pasan por harina. Se unen de dos en dos, poniendo entre ellos una rebanada de queso. Se pasan por los huevos, batidos con sal y pimienta, y se fríen en la manteca.

Se hace una salsa con los chiles (desvenados y cortados en tiritas), la otra cebolla picada fina, el ajo aplastado y se fríen en la manteca restante. En esta salsa se echa la preparación anterior para que dé sólo un hervor; se sirve en seguida.

CHAYOTES AL HORNO

Para 5 personas:

Ingredientes:

5 chayotes tiernos
½ taza de queso rallado
50 grs. de mantequilla
1 taza de crema fresca
100 grs. de jamón picado
½ taza de pan molido
sal y pimienta

Se cuecen los chayotes en agua salada. Luego se pelan y se cortan en cuadritos. Se unta con mantequilla una fuente refractaria. Se ponen en ella capas de chayotes, esparciendo encima la crema, el queso, el jamón, la pimienta, la sal y trocitos de mantequilla. La última capa se espolvorea con el pan molido y trocitos de mantequilla. Se mete la fuente en el horno, a 250°C., hasta que se gratine perfectamente. Se sirve caliente en el mismo recipiente.

REVOLTIJO DE CHIPOTLE

Para 7 u 8 personas.

Ingredientes:

50 grs. de chipotle
100 grs. de chiles mulatos
100 grs. de chile pasilla
250 grs. de carne de cerdo
250 grs. de chorizo
2 jitomates grandes
¼ de cebolla
2 dientes de ajo
200 grs. de queso añejo
3 huevos revueltos
18 tortillas
manteca para freír
sal

Tostar y poner a remojar los chipotles y los chiles mulatos y pasilla. Asar los jitomates y molerlos junto con los chiles, la cebolla y los ajos. En la manteca caliente echar los ingredientes molidos y freír. Se agrega el caldo en que se cocinó la carne de cerdo, se sazona con sal y se deja condensar bien. En una sartén con manteca se doran las tortillas, la mitad de ellas se ponen en un platón, y remojadas en los chiles preparados. Se les ponen encima los huevos revueltos, tapándolas con la otra mitad de tortillas, también remojadas en el chile. Por último se les vierte toda la salsa de chile, cubriéndolas bien. Decorar con la carne de cerdo fría en rebanadas, el chorizo y el queso puesto por encima.

VERDOLAGA CON CHIPOTLE

Para 4 personas.

Ingredientes:

1 chipotle
½ kg. de verdolagas
1 cucharada de cebolla picada
½ diente de ajo
2 cucharadas de aceite vegetal

½ cucharadita de vinagre
sal

El día anterior, abrir el chipotle, desvenarlo, quitarle las semillas y poner a remojar en agua caliente con sal y vinagre. Al día siguiente se muele con ajo, y esta mezcla se fríe con un poco de aceite, agregando la cebolla. Cuando se haya acitronado, se añade la verdolaga (previamente limpia y cocida con un poquito de sal). Se sirve caliente.

HUAXONTLES A LA MEXICANA

Para 3 personas.

Ingredientes:

```
 4 ramitas de huaxontles tiernos
 3 huevos
 3 chiles anchos
50 grs. de queso añejo
 2 dientes de ajo
 1 cebolla
 2 cucharadas de harina
   aceite en cantidad necesaria
   sal
```

Quitarle las hojas a los huaxontles, lavar bien sus varitas. Poner a hervir con sal. Una vez cocidas se vuelven a lavar y escurrir. Se doblan las varitas y se les coloca en el centro una rebanada de queso. Batir los huevos y en estos se capean los huaxontles, que previamente se habrán pasado por harina. Freír en aceite.

Hacer un caldillo tostando y desvenando los chiles que se muelen con ajo y la cebolla; freír muy bien. Agregar un poco de agua y mantener al fuego hasta que espesen. Añadir los huaxontles y dejar al fuego por unos cinco minutos. Servir calientes.

ROMERITOS AL ESTILO MEXICANO

Para 5 personas.

Ingredientes:

      1   manojo de romeritos
      ½   kg. de papas
      4   chiles mulatos
    250   grs. de camarón seco
    100   grs. de almendras
     10   nopalitos tiernos
      1   cucharada de ajonjolí
      1   trozo de pan duro
          aceite y sal en cantidad necesaria

Limpiar, lavar y cocinar los romeritos. Una vez cocidos se les agrega la sal. Desvenar los chiles, quitarles las semillas y freírlos en aceite y, luego, en el mismo aceite freír las almendras peladas y el pan. Tostar aparte el ajonjolí y molerlo junto a los chiles, las almendras y el pan. Añadirles un poco de agua y freír la preparación en bastante aceite. Agregar agua y dejar a fuego mediano para obtener una salsa espesa. En ésta se echan los romeritos, los nopales cocidos y picados y las papas cocidas y partidas en cuadritos. Hervir aproximadamente 30 minutos y servir con tortitas de camarón (previamente remojado y picado).

Pescado y Mariscos

BACALAO A LA MEXICANA

Para 3 personas.

Ingredientes:

250 grs. de bacalao
4 tazas de jitomate
½ taza de pasitas sin semillas
1 cebolla mediana, picada fina
½ taza de aceitunas
¼ taza de almendras picadas finamente
250 grs. de papas chiquitas, cocidas y peladas
½ lata de pimientos morrones, cortados
en tiritas
1 taza de aceite de oliva
1 cucharada de perejil picado fino
½ cabeza de ajo
chiles largos en vinagre
pimienta

El día anterior se pone en agua fría el bacalao para que se desale. Debe cambiarle el agua muchas veces. Al día siguiente cambiarle el agua fría y cocinarlo a fuego fuerte. Una vez cocido, escurrido y frío se deshebra, retirando las espinas. Poner la cebolla en una cacerola con el aceite caliente, y cuando esté acitronada echarle el jitomate, sazonando con una pizca de pimienta. Hervir a fuego lento hasta que se condense. Añadirle entonces el bacalao, las papitas, el perejil, los chiles, en cantidad necesaria, las aceitunas y la media cabeza de ajo entera. Se puede comer frío o caliente. Al servir se le ponen encima las tiritas de los pimientos, las almendras y las pasitas.

PESCADO NAVIDEÑO

Para 4 o 5 personas.

Ingredientes:

1 huachinango entero de ¾ de kg.
2 pimientos morrones
1 taza de mayonesa espesa
2 aceitunas
250 grs. de chícharos cocidos
½ cebolla
½ hoja de laurel
1 manojito de hierbas aromáticas
   sal y pimienta

Poner a cocer el pescado a fuego lento, junto con la cebolla, las hierbas aromáticas, el laurel, la pimienta y la sal. Debe tenerse mucho cuidado que no se rompa ni cueza demasiado. Luego, escurrirlo muy bien y colocarlo en un platón de forma ovalada. Cuando esté bien frío recubrirlo completamente con mayonesa. Cortar los pimientos en forma de pétalo y disponerlos como dos flores de nochebuena, distanciados, arriba del pescado. Se adorna con 1 aceituna puesta en el centro de cada flor, y los chícharos se esparcen alrededor del pescado. Se sirve bien frío.

PESCADO EN ESCABECHE

Para 4 personas.

Ingredientes:

4 filetes de huachinango
½ taza de aceitunas
2 cucharadas de harina

unas pocas hierbas aromáticas
½ cebolla rebanada fina
1 cucharada de vinagre de vino
2 chiles jalapeños en vinagre
un poco de jugo de los chiles
el jugo de 1 jitomate chico
el jugo de ½ limón
aceite de oliva en cantidad necesaria
sal y pimienta

Bien limpio y lavado el pescado, se pone a macerar durante media hora en una fuente con limón, sal y pimienta. Luego se escurren los filetes y se pasan por harina. Se fríen entonces en aceite caliente, cuidando que no se doren. Una vez cocidos, se escurren sobre papel estraza y se disponen en una fuente honda, cubriéndose con la salsa. El día anterior se habrá preparado la salsa: En aceite se acitrona la cebolla, añadiendo las hierbas aromáticas, el vinagre, el jitomate, las aceitunas, sal y pimienta. Se deja hervir por unos minutos. Cuando se retira del fuego se le añaden los chiles y su jugo, se retiran las hierbas, se tapa bien el recipiente y se guarda en el refrigerador para que se macere, hasta el día siguiente. Se sirve frío.

PESCADO EN CHILE

Para 4 personas.

Ingredientes:

4 rebanadas de un robalo grande
2 yemas de huevo
2 cucharadas de mantequilla
4 chiles poblanos
¼ de taza de aceite vegetal
1 diente de ajo
1 cucharada de cebolla picada
1 taza de agua
  pimienta
  sal

El día anterior, tostar, pelar, desvenar y quitarle las semillas a los chiles. Luego, remojarlos en agua caliente con un poquito de sal, y dejarlos toda la noche. Al día siguiente molerlos con un poco de agua en la licuadora. En el aceite, dorar los dientes de ajo y apartarlos; ahí mismo freír la cebolla y cuando esté acitronada echarle los chiles (diluyendo la salsa con un poco de agua si fuera necesario), y sazonar con sal. Se retiran del fuego, dejar enfriar para, luego, mezclarle las yemas crudas. En una charola para hornear se disponen las rebanadas del pescado, colocando encima de cada una un trocito de mantequilla, sal y pimienta; verter en la charola un poquito de agua.[1] Mientras tanto, la salsa de chile se pone a fuego lento para que no hierva, removiendo seguido. Una vez cocido el pescado quitar del horno las rebanadas, disponerlas en una fuente caliente, cubrirlas bien con la salsa y servir en seguida.

CAZON EN JITOMATE

Para 5 personas.

Ingredientes:

1 kg. de cazón
1 kg. de jitomate
1 cebolla grande
1 chile cuaresmeño
2 ramas de epazote
2 dientes de ajo
30 grs. de manteca
sal

Limpiar y lavar bien el pescado, cocinar en agua hirviente junto con la cebolla, el ajo y el epazote. Cuando esté cocido quitarle el pellejo y dividirlo en trozos. Hervir los jitomates unos minutos en agua, con sal y 1 rama de epazote, luego, molerlos y colarlos. Acitronar la cebolla en manteca, añadirle el jitomate y freír. Luego, añadir el pescado y el chile y dejar hervir unos minutos. Servir caliente.

---

[1] Se pone en el horno, que debe estar a 250°C., un ¼ de hora aproximadamente.

CEVICHE

Para 6 personas.

Ingredientes:

500 grs. de pescado sierra
1 latita de chiles jalapeños en escabeche
4 jitomates grandes, maduros, pelados y picados finamente
1 taza de aceitunas
2 cebollas grandes, picadas finamente
4 cucharadas de perejil picado finamente
1 aguacate, pelado y cortado en tiritas
el jugo de 20 limones
aceite de oliva, en cantidad necesaria
sal y pimienta
galletas de soda

El día anterior, limpiar bien el pescado, quitarle la piel y picarlo lo más finamente posible. Luego, lavarlo puesto en un colador, y ponerlo en una fuente de cristal cubriéndolo con el jugo de los limones. Dejarlo así unas doce horas dentro del refrigerador. Al día siguiente, luego de escurrir bien la preparación precedente, agregarle los demás ingredientes. Picar los chiles muy finamente y colocarlos con su jugo, según guste lo picoso. Añadirle también el jugo de las aceitunas y el aceite que sea necesario para que la preparación no resulte espesa. Revolver todo muy bien (menos el aguacate), sazonar con sal, y poner a macerar en el refrigerador, para que el pescado absorba los distintos sabores. Se sirve helado con galletas de soda, adornando con las tiras de aguacate. Es un plato que jamás se pone al fuego.

MOJARRAS AL HORNO

Para 4 personas

Ingredientes:

4 mojarras medianas
250 grs. de papas chicas
40 grs. de mantequilla

¼ de taza de aceite
3 dientes de ajo
3 cucharaditas de perejil picado
1½ limones
  sal y pimienta

Moler los ajos y mezclarlos con aceite, sal, pimienta, y el jugo de limón. Limpiar y lavar perfectamente las mojarras; untarlas con la mezcla anterior, incluso por dentro. Dejar reposar 1 hora en un lugar fresco. Pelar las papas, y cocinarlas en poca agua con sal, mantequilla y perejil. Colocar las mojarras en una fuente para hornear, de forma alargada, y colocar en el horno que debe estar a 250°C., aproximadamente un cuarto de hora, rociándolas con su propio jugo de vez en cuando. En la misma fuente, colocarle las papas alrededor y servir caliente.

PESCADO EN GUACAMOLE

Para 5 personas

Ingredientes:

  ¾ kg. de un pescado entero
1½ cucharadas de aceite de oliva
1½ tazas de guacamole (ver salsas)
  ½ cucharada de vinagre
350 grs. de cebollitas de cambray
 12 aceitunas
    chiles largos en vinagre
  1 trozo de cebolla
  1 limón
    sal y pimienta

Limpiar y lavar muy bien el pescado, envolverlo en una manta de cielo, ponerlo a cocinar en agua junto a la cebolla, poca sal y limón. Cuando está cocido quitarlo con cuidado, para que no se rompa, retirarle la piel y colocarlo en un platón alargado, bañándolo con el aceite, vinagre, sal y pimienta. Al momento de servirse cubrirlo con el guacamole y decorarlo con las cebollitas, los chiles y las aceitunas. Servirlo frío.

CALDILLO DE MARISCOS

Para 5 o 6 personas

Ingredientes:

1	cabeza de pescado
250	grs. de charales
250	grs. de camarones
250	grs. de jaiba
250	grs. de papas
250	grs. de jitomate
2	chiles jalapeños
1	cebolla
2	dientes de ajo
3	granos de pimienta gordos
1	limón
1	cucharada de cilantro picado
½	cucharadita de orégano seco
¼	cucharadita de comino
1½	litro de agua hirviente
	sal y aceite en cantidad necesaria

Cortar en cuadritos las papas y freírlas en aceite. Cuando empiezan a dorarse agregar el jitomate, (asado, sin semillas ni piel, y molido previamente con cebolla, ajo y las especias). Cuando comience a espesarse añadirle la cabeza del pescado y los mariscos, (bien limpios y lavados), más los chiles jalapeños cortados en tiritas, el cilantro y 1½ litro de agua hirviente. Sazonar con sal y hervir hasta que los mariscos se hayan cocido bien. Servir retirando la cabeza, y añadiendo el orégano y el jugo de limón.

JAIBAS EN CHILPACHOLE

Para 3 o 4 personas

Ingredientes:

12	jaibas
250	grs. de jitomate
100	grs. de manteca
1	cebolla mediana

2 dientes de ajo
1 ramita chica de epazote
sal

Lavar bien las jaibas y cocinarlas en agua hirviente. Picar todos los ingredientes, menos el epazote, freír este picadillo con manteca, y añadirle la carne de las jaibas partida en trozos. Añadirle agua en cantidad necesaria, y agregarle la rama de epazote y sal. Dejar cocinar hasta que resulte un caldillo no muy espeso. Retirar el epazote y servir caliente.

CAMARONES EN CHIPOTLE

Para 2 personas

Ingredientes:

½ kg. de camarones frescos, medianos
1 cucharada de mantequilla
1 taza de crema (nata), fresca
3 chipotles de lata, adobados
1 cucharada de cebolla molida
2 cucharadas de perejil picado finamente
1 cucharadita de fécula de maíz
1 diente chico de ajo, molido
unas gotas de limón
sal y pimienta

Lavar bien los camarones y ponerlos a cocinar en agua hirviente con sal. Cuando estén cocidos, escurrirlos, apartar el agua en que se cocieron. Pelarlos y disponerlos en un platón donde puedan conservarse calientes. Espolvorearlos con pimienta y echarles unas gotas de limón. Colocar la mantequilla en una cacerola, y, ya derretida, acitronar la cebolla con el ajo, agregándole la fécula de maíz a la cual una vez dorada, se le añade un poco del caldo de los camarones. Hervir a fuego lento, hasta que la salsa se espese. Moler el chipotle con la crema, y añadirlo a la salsa poco a poco, teniendo cuidado de remover con rapidez, para que no se corte. Cuando está todo bien mezclado, retirar del fuego antes de que empiece a hervir. Cubrir los camarones con esta salsa y servir caliente. Hay que tener mucho cuidado de no recalentar nunca esta salsa al fuego directo, si se tuviera que calentar hacerlo en baño maría.

PESCADO RELLENO

Para 7 u 8 personas

Ingredientes:

1 pescado entero de 1½ kg.
   agua en cantidad necesaria
2 cucharadas de aceite de oliva
2 cucharadas de aceite vegetal
2 cucharadas de cebolla picada
½ kg. de jitomates
¼ kg. de chícharos cocidos
¼ kg. de ejotes muy tiernos, cocidos
1 huevo
1 taza de pan molido
1 yema de huevo
3 cucharadas de perejil
   sal y pimienta

Comprar el pescado abierto de manera de poder rellenarlo. Limpiar y lavarlo bien. Poner a calentar una cucharada de cada aceite y freír la cebolla. Cuando se haya acitronado añadir los jitomates, picados, sin piel ni semillas. Una vez que estén bien fritos, agregarle los chícharos y los ejotes partidos en trozos pequeños, sal, pimienta y el pan molido. Cuando se haya secado la mezcla, retirarla, dejar enfríar, y añadirle la yema y el huevo, batidos un poco. Rellenar el pescado con la mezcla y atarlo con un hilo grueso.

Colocar el pescado en una fuente refractaria donde se habrá puesto un poco de agua para que no se pegue. Hacerle unos pequeños cortes en la parte superior, batirlo con el aceite que sobró y agregarle perejil, sal y pimienta. Ponerlo en el horno, que debe estar a 180°C. Cuando esté bien cocido, retirarlo y adornar con la verdura fresca que se prefiera. Servir caliente.

ALMEJAS AL ESTILO MEXICANO

Para 2 personas

Ingredientes:

1 kg. de almejas blancas, chicas
1 chile serrano verde, finamente picado
1 jitomate grande, maduro, pelado
  y picado finamente
1 cucharada de cebolla, picada finamente
1 cucharada de perejil, picado finamente
½ cucharadita de cilantro, picado finamente
2 cucharadas de aceite de oliva
1 taza de agua fría
  sal y pimienta

Lavar muy bien las almejas, luego, con la concha inclusive ponerlos en una cacerola, cubrirlos con todos los ingredientes, (inclusive la taza de agua), y sazonar con sal y pimienta. Tapar la cacerola y dejar hervir a fuego muy lento, hasta que estén cocidos y la salsa espesa. Servir caliente en sus mismas conchas.

Carnes

MIXIOTES DE CARNERO

Para 3 o 4 personas.

Ingredientes:

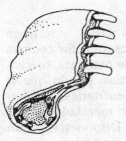

1 kg. de pulpa de carnero, cortada en trocitos
1 chile ancho
½ chile mulato
½ chile pasilla
½ taza de vinagre
1 trocito de cebolla molida
½ diente de ajo molido
  algunos cominos
½ hoja de aguacate
  unas hojas secas de maguey
  sal

Desvenar, lavar y remojar los chiles en agua caliente durante 10 minutos. Moler todos los ingredientes menos las hojas, y hacer una salsa. En ésta, colocar la carne y dejar macerar durante media hora. Después se le añade la media hoja de aguacate, bien picada. Lavar muy bien las hojas de maguey, y en cada una se pone un trozo de carnero con bastante salsa. Preparadas todas las hojas, amarrarlas y colocarlas en una vaporera, con las partes amarradas hacia arriba, para que no se salga la salsa. Cocinar a fuego fuerte, hasta que la carne esté cocida perfectamente. Servir en las hojas.

PATITAS DE PUERCO

Para 6 o 7 personas.

Ingredientes:

1 kg. de patitas de puerco, frescas
2 aguacates en tiras
12 aceitunas
  unas pocas hierbas aromáticas
1 cebolla chica
2 dientes de ajo
6 granos de pimienta medianos
1 cucharadita de mostaza
1 cebolla mediana, rebanada
1 lechuga
¼ taza de aceite de oliva
¼ taza de vinagre
½ cucharadita de orégano
  chiles en vinagre
1 manojo de rabanitos
  sal y pimienta

Las patitas se dividen, cada una, en 4 partes, y se lavan bien. Si no estuviesen bien limpias, se rasuran. Se cocinan en bastante agua con cebolla, dos granos de pimienta, hierbas aromáticas y sal. Deben quedar muy tiernas, por lo que se necesitan unas 6 horas de cocción. Luego, enfriarlas, y bañarlas una por vez, en el aceite, previamente mezclado con el orégano, la mostaza, la sal y la pimienta. Disponerlas en un platón, y, alrededor, colocar la ensalada de lechuga, y los rabanitos cortados en forma de flor.

Encima de las patitas se colocan anillos de cebolla, las aceitunas sin hueso y divididas a la mitad, las tiras de aguacate y los chiles en vinagre. Servirlas en seguida.

CERDO ENCHILADO

Para 3 o 4 personas.

Ingredientes:

½ kg. de lomo de cerdo
6 papas medianas
3 chiles anchos

1 diente de ajo
1 cucharada de manteca
  sal

Poner a remojar el chile ancho, cuando esté blando, molerlo con el ajo y la sal. Freír el lomo en manteca, y dejar dorar muy bien. Echarle entonces el chile molido hasta que se fría, y añadirle agua en cantidad suficiente para que se cocine. Cuando el lomo esté tierno, agregarle las papas, cortadas en 4 partes cada una. El líquido debe consumirse hasta que quede una salsa espesa, casi seca. Servir caliente.

ADOBO

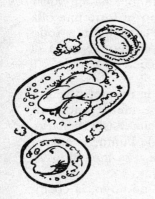

Ingredientes:

900 grs. de lomo de cerdo
 56 grs. de manteca
  ½ cucharadita de orégano
  6 chiles anchos
  2 cebollas
  2 dientes de ajo
  1 hoja de laurel
  4 cucharadas de vinagre
  2 tazas de caldo de la carne
  2 cebollas para adornar
  3 aguacates
  1 manojo de rábanos
    sal y pimienta

Se pone a cocer el lomo con una cebolla, sal y pimienta. Los chiles se tuestan ligeramente, se remojan, se muelen con la cebolla, los ajos y el orégano se fríen en la manteca, se agrega el lomo ya cocido, el caldo, el vinagre y la hoja de laurel; se deja hervir hasta que espesa el adobo y cubre el lomo, se vacía el platón y se adorna con ruedas de cebolla desflemada, tiritas de aguacate y rabanitos.

COCHINITA PIBIL

Ingredientes:

 1 cochinita de 4 kilos
25 pimientos de Castilla

```
15  cominos
 8  naranjas agrias
 2  hojas de plátano
 1  cucharada de achiote
 1  cucharadita de orégano
```

Se flamea la cochinita en buen fuego para quitarle el pelo, se mete en agua hirviente y se raspa perfectamente hasta que quede muy blanca; se le sacan todas las menudencias, se le hacen varios cortes por todos lados y se untan en naranja y sal.

Se muelen los ajos asados con las especias, el achiote y la sal, se mezclan con el jugo de naranja y con esto se unta la cochinita por dentro y por fuera, dejándola en un lugar fresco durante un día. Pasado este tiempo se forra una olla grande con la hoja de plátano, se le pone la cochinita y todo el adobo y se cubre con más hojas de plátano; se mete al horno de la barbacoa, que se hace como sigue:

Se hace un hoyo en la tierra como de un metro veinticinco centímetros de profundidad; allí se meten unos carbones encendidos, piedras grandes y leña hasta llenarlo. Cuando sólo quedan las brasas y ya no sale humo, se coloca en el centro la olla, se cubre con una pita y se tapa el hoyo con tierra; a las tres horas ya se pueden sacar.

Cuando no se puede hacer esta clase de hoyo, la cochinita se puede hacer en vaporera o en el horno.

LOMO DE CERDO EN CHILE VERDE

Ingredientes:

```
1  kilo de lomo de cerdo
1  kilo de tomates verdes
2  chiles poblanos
1  diente de ajo
1  hoja de lechuga
2  cucharadas de aceite
   de oliva u otra grasa
1  buen ramo de cilantro
1  pedazo de cebolla
   sal
```

El lomo se corta en rebanadas medianas que se doran en la grasa caliente; los tomates se pelan y se muelen con la cebolla, la lechuga, el ajo, el cilantro y los chiles desvenados. Molido todo esto, se fríe en la grasa que sobró de la fritura de la carne, se sazona con la sal y la pimienta, y ya que esté bien frita la salsa, se le ponen las rebanadas de lomo y un poco de agua fría; se tapa y se deja hervir a fuego suave, hasta que la carne esté cocida y la salsa espesa.

TINGA DE LONGANIZA

Ingredientes:

½ kilo de lomo de cerdo
¼ de kilo de longaniza
½ kilo de papas
1 cebolla cabezona grande
1 jitomate grande
  chipotles al gusto
2 cucharadas de manteca o aceite
  sal al gusto

La carne se cuece con poca agua y sal y se deshebra. Las papas se cuecen, se pelan y se cortan en cuadritos. Se calienta la manteca y se fríe la mitad de la cebolla picada; cuando está acitronada, se agrega la longaniza, y ya bien frita, se añaden el jitomate picado (sin piel ni semillas), las papas, la carne y, por último, los chipotles, cortados en rajitas. Se adorna con la otra mitad de la cebolla rebanada y desflemada, y tiritas de aguacate pelado.

PIPIAN VERDE DE AJONJOLI

Ingredientes:

1 pollo grande y tierno
1 taza de ajonjolí
½ kilo de tomates
1 rama de cilantro
1 rama de epazote
4 hojas verdes de lechuga
1 hoja de aguacate

    1 diente de ajo
    1 cebolla
      chiles verdes al gusto
    4 cucharadas de manteca o aceite
      sal al gusto

Cortado en piezas se pone a cocer el pollo. El ajonjolí se tuesta un poco, se muele y se fríe. Los tomates se ponen a cocer con la cebolla y chiles verdes al gusto; se escurren y se muelen con el diente de ajo y las hierbas. Se fríe todo y se le agrega la pasta de ajonjolí, soltando la salsa con caldo de pollo y sazonándola bien con sal; se ponen las piezas de pollo y se deja espesar. Puede hacerse con carne de cerdo.

POLLO A LA MEXICANA

Ingredientes:

    1 pollo tierno partido en raciones
    3 chiles poblanos asados, pelados y
      partidos en rajas gruesas
    3 jitomates molidos y colados
    1 cebolla mediana finamente rebanada
  100 grs. de aceitunas
    1 diente de ajo molido
      grasa para freír, la necesaria
    1 rama de cilantro
      sal

El pollo, ya limpio, se fríe en la grasa muy caliente. Cuando está bien dorado, se le escurre la grasa, y en la que sobró se acitronan la cebolla y las rajas; cuando éstas están transparentes se les vuelve a poner el pollo y se cubre con el jitomate molido y el ajo. Se sazona con sal, y se le pone la rama de cilantro y las aceitunas. Se tapa y se deja hervir a fuego suave, hasta que la carne esté bien cocida y la salsa espesa. Si le hace falta un poco de agua para su cocimiento, se le puede añadir, pero fría.

LENGUA CON QUESO

Para 3 o 4 personas

Ingredientes:

    1 lengua de ternera
    1 copa de vino seco
    2 tazas de caldo
       bastante queso rallado
       sal

Cocinar la lengua en agua hirviente, quitarle la piel y cortarla en trozos. Estos se ponen en una cazuela con el vino y el caldo. Cuando el caldillo se haya reducido a la mitad, se retira del fuego y se coloca en una fuente refractaria. Después, se añaden a la fuente, alternándolas, capas de queso y de lengua, terminando con una de queso. Se pone la fuente en el horno, que debe estar a 220°C., y dorar ligeramente. Debe servirse muy caliente.

LOMO EN GUACAMOLE

Para 3 o 4 personas

Ingredientes:

    300 grs. de lomo de cerdo
      2 huevos
      2 cucharadas de harina
    100 grs. de manteca
      2 aguacates
    150 grs. de papas cocidas
      1 lechuga
      1 cebolla
      1 chorizo
    100 grs. de jitomate
      1 cucharada escasa de aceite
         salsa de guacamole (ver Salsas)
         sal y pimienta

Cocinar el lomo en agua hirviendo con poca sal, y cortarlo en rebanadas muy delgadas. Dorar la cebolla picada finamente, el chorizo desmenuzado, las papas picadas y el jitomate, asa-

do y molido en aceite caliente. Sazonar con sal y pimienta.
Cocinar hasta que se forme una pasta homogénea, con la cual
se van a unir, de dos en dos, las rebanadas de lomo. Pasarlas
por harina y por los huevos batidos. Freír en manteca y escurrir sobre papel estraza. Acomodarlas en un platón y decorarlas con hojas de lechuga y tiras de aguacate. Acompañarlas con
salsa de guacamole y servir muy caliente.

CONEJO CRIOLLO

Para 4 o 5 personas

Ingredientes:

1 conejo joven y tierno
3 jitomates grandes
50 grs. de avellanas peladas
2 cebollas
2 cucharadas de perejil picado
2 tazas de caldo
2 tazas de vino blanco
1 ajo
1 limón
   manteca para freír
   sal y pimienta

Trozar el conejo. Dejarlo macerar unos minutos en la
mezcla hecha con jugo de limón, vino, sal y pimienta. Luego,
escurrirlo y freír perfectamente en manteca. Una vez que esté
bien dorado añadirle las cebollas, el ajo y el perejil picados,
también el jitomate ya picado sin piel ni semillas. Agregar el
caldo y hervirlo unos minutos. Tostar y moler las avellanas;
verterlas en la salsa para que espese. Cuando el conejo esté
cocido y la salsa espesa, retirar del fuego y pasar todo a un
platón. Servir caliente.

Postres

DULCE DE GUAYABA

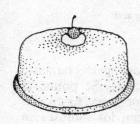

Para 4 personas.

Ingredientes:

½ kg. de guayabas
¾ kg. de azúcar
1 clara de huevo
½ limón
½ taza de agua

Moler y colar las guayabas. Poner al fuego el azúcar con el agua y cuando tome punto de bola añadir las guayabas y el limón, dejar hervir hasta que se vea el fondo del cazo. Retirar del fuego y batir bien. Luego, verterlo sobre una tabla, y amasarlo con la clara de huevo para que se blanquee. Colocar en un molde alargado, forrado con papel; y dejarlo así hasta el día siguiente, en que ya se podrá servir.

ATOLE DE MAICENA

Ingredientes:

2 cucharadas de maicena
1½ taza de agua

azúcar al gusto
1 rajita de canela

Se desbarata la maicena en un poco de agua fría y se pone poco a poco en el resto del agua hirviente. Se agrega la rajita de canela y se deja hervir, moviéndolo constantemente hasta que se reduzca a una taza. El azúcar se puede poner cuando se está cociendo fuera de la lumbre. Se puede deshacer la maicena en el agua y el resto ponérselo de leche.

CAMOTES QUERETANOS

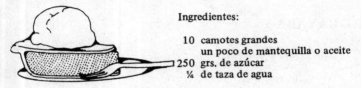

Ingredientes:

10 camotes grandes
     un poco de mantequilla o aceite
250 grs. de azúcar
¼ de taza de agua

Lávense 10 camotes grandes, séquense perfectamente y frótese la cáscara con mantequilla o aceite. Se ponen al fuego 250 gramos de azúcar y ¼ de taza de agua, hasta que se disuelva el azúcar totalmente; se colocan los camotes en charolas de horno y se bañan con la mitad de la miel, horneándose a 250 grados durante 10 minutos. Después se echa sobre los camotes la miel restante y se dejan en el horno hasta que estén suaves al toque del tenedor.

CAPIROTADA

Para 3 o 4 personas.

Ingredientes:

200 grs. de piloncillo
200 grs. de pan bolillo
100 grs. de queso
 ¼ taza de agua
 50 grs. de mantequilla
     miel
  1 raja de canela
     manteca

Rebanar y dorar el pan en la manteca. Preparar una miel triturando el piloncillo y poniéndolo a hervir con agua y canela, hasta que se haya disuelto. Hervir 3 o 4 minutos porque no debe espesar. Retirar y colar. En una fuente refractaria, engrasada con mantequilla, disponer capas alternadas de pan dorado, miel, queso desmoronado y trocitos de mantequilla, hasta terminar con los ingredientes. Poner en el horno, que debe estar a 220° C., para que se dore un poco y servir caliente.

POSTRE DE MELON

Para 5 personas.

Ingredientes.

1	melón grande
1	y ½ tazas de azúcar
2	yemas de huevo
70	grs. de almendras, algunas cortadas en tiritas
30	gotas de limón

Poner a derretir el azúcar en 1 taza de agua removiendo con 1 cuchara de madera. Cuando empiece a hervir, agregar las gotas de limón, dejar de remover y, dejar espesar hasta cuando tenga la consistencia de hebra. Agregarle, entonces, la pulpa del melón y las almendras, previamente peladas, remojadas y molidas. Dejar espesar, removiendo la mezcla para que no se pegue. Retirar del fuego y enfriar, luego, añadir las yemas de huevo, ligeramente batidas. Se vuelve al fuego hasta que coja la consistencia de cajeta (es decir, que al volver la cuchara se vea el fondo del recipiente). Dejar enfriar un rato, verter en un platón y decorar con las tiritas de almendras.

DULCE DE CALABAZA

Para 5 o 6 perso. 2s.

Ingredientes:

½ calabaza de Castilla, de tamaño regular
150 grs. de tejocotes
1 pieza de piloncillo negro
1 raja grande canela

Pelar y partir en trozos medianos la calabaza, ponerlos en una cazuela. Rodear el piloncillo con la raja de canela y colocarlo en la cazuela. Lavar bien los tejocotes y distribuirlos entre los trozos de calabaza. No se debe añadir agua. Tapar la cazuela y dejar cocinar a fuego lento. De vez en cuando, remueva ligeramente, para que no se pegue, pero teniendo cuidado de no desbaratar la calabaza. Cuando ésta se suavice, quitarla del fuego y servirla sola o con leche fría.

CHONGOS

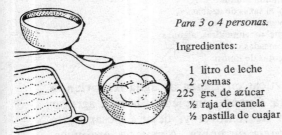

Para 3 o 4 personas.

Ingredientes:

1 litro de leche
2 yemas
225 grs. de azúcar
½ raja de canela
½ pastilla de cuajar

Deshacer la pastilla en poca agua, y mezclarla con la leche a la que previamente se le habrán unido las yemas, y colocar a un lado de la hornilla, cuidando de remover continuamente hasta que se cuaje. Cuando esté bien cuajada, partir en cruz y clavarle la canela y el azúcar. Poner a fuego lento unas 2 horas; es decir, cuando los trozos de cuajada estén bien penetrados de miel, y la cuajada esté un poco espesa, los chongos estarán listos.

JERICALLA

Para 3 personas

Ingredientes:

115 grs. de azúcar
2 yemas
½ litro de leche
2 huevos
1 raja de canela
mantequilla

Hervir la leche con azúcar y canela, 3 minutos. Aparte, mezclar las yemas y los huevos. Agregarle la leche, después que se haya enfríado un poco, y rociarle la preparación en tacitas refractarias untadas con mantequilla. Ponerlas a baño maría en el horno que debe estar a 200°C, para que se doren, y servir.

TORREJAS

Para 3 o 4 personas

Ingredientes:

3 huevos
¼ taza de polvo de bizcocho
1 taza de azúcar
1 taza de agua
¼ taza de aceite
½ raja de canela
  pasas y almendras
20 gotas de limón

Batir las claras a punto de nieve y, cuando estén listas incorporarles las yemas, batiendo todo ligeramente. Añadirle el polvo de bizcocho. En la sartén, calentar el aceite y freír cucharadas de la preparación anterior, teniendo cuidado que las tortillas que se van formando, queden bien doradas por los dos lados. Escurrir sobre papel estraza. Poner al fuego el agua con el azúcar y la canela, remover hasta que se derrita el azúcar. Cuando empieza a hervir, agregarle las 20 gotas de limón y dejar de remover, hasta que espese un poco. Poner a hervir unos minutos las tortitas de huevo en este jarabe. Una vez que se enfriaron, colocarlas en un platón, y adornarlas con trocitos de almendra pelada y pasitas.

ROLLO DE NUEZ

Para 5 o 6 personas

Ingredientes:

225 grs. de nuez picada
450 grs. de azúcar
225 grs. de nuez entera, sin cáscara ni pielecita
225 grs. de glucosa
225 grs. de pasas sin semilla
  1 litro de leche
  1 tira de vainilla
 ¼ litro de crema
 60 grs. de mantequilla
 ¼ de cucharada de bicarbonato

Poner al fuego la leche con azúcar, vainilla, mantequilla, crema y 2 cucharadas de glucosa. Cuando empiece a espesar, agregarle el bicarbonato. Y cuando ya esté bastante espeso, añadirle las pasas y la nuez picada. Remover continuamente, al verse el fondo del recipiente, retirar y batir hasta formar una pasta que se amasa un poco. Formar con ésta un rollo que se recubre con glucosa, y sobre éste colocar las nueces enteras, una junto a otra, procurando que cubran bien todo el rollo.

COSCORRONES

Para 5 personas

Ingredientes:

  6 huevos
 ½ kg. de azúcar
 ½ kg. de harina
 ½ limón rallado
    mantequilla

Batir los huevos con el azúcar hasta que espesen. Luego, agregarles poco a poco la harina y continuar batiendo. Mezclar muy bien y añadir la ralladura del limón. Untar con mantequilla un molde alargado, y verterle porciones redondas de la preparación. Introducir el molde en el horno, que debe estar a 250°C., hasta que se cocinen los coscorrones.

GAZNATES

Para 6 o 7 personas

Ingredientes:

9 yemas de huevo
3 tazas de harina
1 cucharada de manteca
1 copita de aguardiente
semillas molidas de anís
aceite para freír

Cernir la harina con los demás ingredientes, de modo que resulte una pasta suave. Si fuera necesario, añadir un poco de agua tibia. Amasar bien y dejar reposar unos minutos. Luego, extender la masa con un rodillo, lo más delgada que se pueda. Entonces, cortar en cuadrados de 10 cms. Coger los extremos opuestos de los cuadrados, y pegarlos por medio de un poco de agua. Fijarlos con un palito para que no se cierren, y freírlos en aceite caliente. Escurrir sobre papel estraza. Cuando estén bien fríos, rellenarlos con algún postre que se prefiera, sea de piña, camote o cocada.

JAMONCILLO DE LECHE

Para 4 o 5 personas

Ingredientes:

50 grs. de nuez pelada
300 grs. de azúcar
1 litro de leche
1 raja de canela
obleas

Poner a cocinar la leche con azúcar y canela. Remover constantemente con una cuchara de madera, hasta que se vea el fondo del cazo. Cuando se quita de la lumbre se continúa batiendo hasta que adquiera una consistencia espumosa. Entonces, colocarlo en una fuente cubierta con obleas, y disponerle por encima las nueces.

BUÑUELOS

Para 3 personas

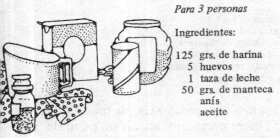

Ingredientes:

125 grs. de harina
  5 huevos
  1 taza de leche
 50 grs. de manteca
    anís
    aceite

Disolver la harina en la leche y agregarle la manteca. Poner al fuego hasta que se forme una pasta. Retirar y dejar enfríar. Una vez bien fría, añadirle los huevos y el anís, batiendo ligeramente, y amasando para que se incorporen perfectamente. Con esta masa, hacer los buñuelos y freírlos en aceite. Servir recubiertos de miel, que puede ser de piloncillo o de abeja.

Aguas Frescas

HORCHATA DE ARROZ

Ingredientes:

    1 taza de arroz
    un poco de canela en polvo y
    unas gotas de limón

El arroz, lavado muy bien, se pone en agua tibia durante 2 o 3 horas para que se hinche. Después se pone a hervir en mucha agua y, ya cocido, pero aún aguado, se retira del fuego y se deja enfriar, colándose y exprimiéndose bien para que suelte todo su jugo. Se le agrega el azúcar y el limón y se revuelve todo con una cuchara de madera; se le añade la canela y unos pedacitos de hielo. Si quedara muy espesa, se le puede agregar toda el agua que sea necesaria para que quede una horchata ligera. Se mezcla todo y se sirve muy fría.

HORCHATA DE MELON

Ingredientes:

    125 grs. de pepitas de melón secas
    75 grs. de almendras peladas
    2 litros de agua
    200 grs. de azúcar granulada

ralladura de limón al gusto
hielo picado

Las almendras se remojan en agua caliente y se pelan. Ya peladas se muelen en la licuadora junto con la pepita de melón, que deberá estar seca, para que se pueda moler fácilmente. La pasta resultante se rocía con un poco de agua; ya molida se mezcla con el resto del agua, agregándole el azúcar y la raspadura de limón. Se revuelve todo muy bien en una jarra de cristal y se deja reposar unas 4 horas, moviéndola de vez en cuando con una cuchara de madera. Pasado este tiempo se cuela y se pasa por un tamiz muy fino, exprimiendo bien para que pase todo el jugo. Se le agregan los pedazos de hielo y se sirve bien fría.

REFRESCO DE CHICHA

Ingredientes:

1 piña pelada y partida en pedacitos
4 litros de agua
1 kilo de azúcar granulada
6 limones rebanados con todo y su cáscara
2 clavos
  la cáscara de la piña partida en pedazos
1 rajita de canela
  un poco de nuez moscada
  unos trocitos de hielo

El agua se pone en una jarra, de preferencia de barro, y se le disuelve el azúcar. Después se le agrega la piña, la cáscara de ésta, los limones y las especias; se mezcla todo y se deja reposar unas 3 horas antes de servirlo. Se sirve colado y bien frío, poniéndole los trocitos de hielo.

INDICE